# 문해력 강한 아이의 비밀

★★★ 공부가 쉬워지는 문해력 성장 로드맵 ★★★

# 문해력 강한
# 아이의 비밀

최지현 지음

허들링북스

# 독서 교육으로

# 문해력의 씨앗을 뿌려주세요

저는 두 아이를 책으로 키워냈고, 5년간 독서 지도사로 일했으며, 현재도 절찬리 책 육아 중입니다. 아이들이 어릴 때부터 책과 가까이하도록 도와주기 위해 자녀 양육서와 교육서를 숱하게 읽은 독자이기도 하고요. 또한 이런 책들에서 이야기하는 독서의 중요성을 아이들을 키우는 내내 단 한순간도 잊지 않았고, 책을 읽는 시간을 단 하루도 소홀히 한 적이 없습니다. 그렇게 13년의 세월을 지나고 돌아보니 제가 아이들에게 해왔던 교육이 몇 년 전부터 크게 화두가 되는 '문해력 교육'이었더군요.

문해력 교육의 핵심은 독서 교육입니다. 독서를 기본으로 아이가 다양한 경험을 통해 문제 해결력을 키워가도록 가르치는 것이 문해력 교육이고요.

혹여나 저희 아이들이 원래부터 특별했냐고 물어보신다면, 그렇지 않았다고 확실히 말씀드릴 수 있습니다. 첫째 아이가 세 살 때 처음 간 어린이집의 상담 날이었습니다.

"아이가 좀 수동적이고 또래보다 발달이 늦은 편이에요."

자리에 앉자마자 제가 들은 선생님의 첫마디였습니다. 순간 머릿속이 하얘지면서 무슨 말을 해야 할지 말문이 막혔습니다. 선생님은 아이가 어떻게 수동적이며, 어떤 면이 늦고, 어떤 면이 부족한지 상세하게 이야기하셨습니다.

아이에게 그런 면이 있다는 걸 모르지는 않았습니다. 문화센터에 데려가면 징징거리며 엄마 품에 안겨 있을 때가 많았고, 아이들이 다 같이 하는 활동도 하기 싫다며 저 구석에 가 있곤 했으니까요. 사람이 많은 게 불편한가 싶어 서너 명의 친구와 집에서 하는 놀이 수업도 해보았습니다. 하지만 저희 아이만 선생님으로부터 등을 돌리고 앉아 저만 보며 혼자서 놀곤 했습니다. 친구들과 함께 신나게 뛰어놀고 선생님에게 아무렇지 않게 다가가는 다른 아이들을 보면서 아이를 잘못 키우고 있는 걸까 고민하고 자책하던 나날이었습니다. 그러던 와중에 돌직구로 날아온 아이에 대한 평가가 제게 큰 숙제를 안겨주었습니다.

그때부터 저는 아이에게 더 열심히 책을 읽어주고, 더 많은 경험을 할 수 있도록 도와주었습니다. 아이에게 읽어주는 책의 양만큼 저또한 양육서와 교육서뿐 아니라 다양한 책을 부지런히 읽었습니다.

둘째 아이가 돌이 지나자마자 저는 독서 지도사 공부를 시작했고, 일하느라 아이들과 함께할 수 있는 시간이 넉넉치 않았습니다. 경제적으로 어려움을 겪었던 시기여서 많은 걸 해줄 수도 없었고요. 제가할 수 있는 최선은 책을 읽어주는 일이었고, 도서관과 중고 사이트를 최대한 활용해서 아이들이 볼 수 있는 책을 가능한 한 많이 마련해주는 것이었습니다.

책을 읽어주고, 책을 읽을 수 있도록 다양한 방법으로 도와주다 보니 어느새 저희 아이들은 긍정적인 변화를 보이기 시작했고, 저 또한 저만의 노하우가 쌓였습니다. 독서 지도사로서 많은 아이를 만나

문해력 강한 아이의 비밀

책의 세계로 인도하는 일을 하면서 여러 경험도 했고요. 그 노하우와 경험들을 총망라하자 책 한 권이 완성되었습니다.

○○○

《문해력 강한 아이의 비밀》은 거창한 이론이나 대단한 방법을 소개하고 있지는 않습니다. 그러나 아이가 책을 좋아하고 가까이하게 만들고 오래도록 독서와 글쓰기, 나아가 공부까지 지속할 수 있게 돕는 현실적인 방법들을 담고 있다고 자신합니다.

　1장에서는 문해력이 독서 교육뿐만 아니라 공부에서도 기본인 이유를 정리했습니다. 독서 교육을 위해서는 아이가 책을 읽을 수 있는 환경을 만들어주고 부모와 매일 함께하는 시간이 필요합니다. 독서 교육으로 독서 습관을 잘 잡을 때 공부 습관도 잘 잡을 수 있습니다. 독서와 공부의 공통점을 발견하면 그 원리를 알 수 있습니다.

　2장에서는 그림책에 관한 이야기를 담았습니다. 아이들이 태어나 처음 만나는 책은 부모의 목소리로 듣고 보는 그림책입니다. 그림과 짧은 글로 이루어진 그림책은 문해력의 기초가 됩니다. 문해력의 씨앗을 뿌리기 위해 어떤 그림책을 어떤 방법으로 골라야 할지를 다양한 독후 활동 방법과 함께 정리했습니다.

3장에서는 초등 시기에 읽는 동화책을 중심으로 문해력 키우는 방법을 다루었습니다. 동화책 고르는 방법, 연령별·장르별 읽기 방법, 독후 활동법을 안내합니다. 동화책이 어떻게 공부를 수월하게 만드는지, 스마트폰과 게임 중독을 어떻게 막을 수 있는지 소개합니다.

4장에서는 실생활에서 문해력을 키우는 다양하고 구체적인 사례들을 풀어놓았습니다. 또한 전집, 학습 만화, 독서록 쓰기 등 아이의 독서 교육에 있어 늘 함께하는 고민을 해결해줄 방법을 담았습니다.

5장에서는 앞서 소개한 모든 방법을 실천하고 유지하며 습관으로 만들 방법을 소개합니다. 아무리 좋은 방법을 알고 있어도 실천하지 않으면 자신의 것이 될 수 없습니다. 그리고 한두 번의 실천으로 성공했다고 말할 수도 없습니다. 독서 습관을 만들고, 바람직한 생활 습관을 들일 수 있는 플래너 쓰기와 습관을 유지할 수 있는 노하우까지 자

문해력 강한 아이의 비밀

세하게 공개했으니 끝까지 인내심을 가지고 읽어주시기 바랍니다.

○○○

자녀 양육은 안갯속을 헤매는 일입니다. 누군가 앞서간 길이 있다 해도 그 길이 내게도 길이 되어줄지는 장담할 수 없습니다. 저는 뿌연 안개를 뚫고 그 너머를 조금이라도 보려는 몸부림으로 매일 읽고, 틈만 나면 읽어주고, 기회만 되면 책을 그러모았습니다.

　원래 책을 좋아하고 많이 읽는 사람이었냐고요? 아닙니다. 제가 책에 대해 이토록 열성적인 추종자가 된 것은 순전히 엄마라는 자리와 그 자리에 있게 해준 두 아이 덕분입니다. 교육 정책도, 사회 환경도, 미래의 변화도 확실치 않은 시대에 살고 있다는 불안함 때문이기도 합니다. 그 모든 불안을 잠재우기 위해서는 독서와 다양한 경험을 통해 아이 스스로 문제 해결력을 키우는 수밖에 없다고 생각했습니다. 그리고 저 역시 책을 읽어서 정보를 모으고, 흔들리지 않는 양육관과 저만의 철학을 세워야 했습니다.

무엇보다 독서 교육은 가장 가성비가 좋은 교육법입니다. 매일 부모와 함께 30분이라는 짧은 시간을 투자하면 문해력이라는 귀한 열매를 맺을 수 있습니다. 물론 그 과정이 쉽지 않을 겁니다. 필요와 이유를 안다고 해서 실천까지 저절로 이어지지는 않으니까요.

저의 경우 아이들이 재미있게 읽고 지속해서 읽을 수 있도록 부지런히 방법을 찾았습니다. 그것이 아이들은 물론 저 스스로에게도 습관이 되게 만들기 위해 애써왔습니다. 방법을 찾기 위해 부지런히 읽다 보니 항상 책 읽는 사람이 되어 있었습니다. 그런 모습은 아이들이 자연스럽게 손에 책을 들게 된 이유 중 하나였습니다. 오랜 시간 고군분투한 결과, 책과 거리가 멀었던 남편까지도 독서의 세계로 끌어들이게 되었습니다.

제가 쓴 원고를 꼼꼼히 읽어주고 서슴없이 엄지 척을 내밀어준 첫째 김주안, 원고를 쓰느라 수시로 에너지가 고갈되는 제게 기꺼이 기쁨조가 되어준 둘째 김다인, 두 아들에게 감사를 전합니다. 무엇보다 흔쾌히 독서 교육에 응해준 아이들이 아니었다면 이 책은 만들어지지 못했을 겁니다. 책 쓴다고 한동안 나사가 하나 빠져 있던 아내를 늘 응원하고 격려해준 남편에게도 감사를 전합니다. 또 책을 쓰는 동안 지혜로운 조언을 아끼지 않으셨던 아레테인문아카데미의 임성훈 대표님께 감사의 말씀 전합니다.

마지막으로 이 서툰 이야기가 번듯하게 세상에 나올 수 있도록 도와주신 허들링북스와 응원과 격려하는 마음으로 읽어주실 모든 독자께 진심으로 감사의 말씀을 전합니다.

저자 최지현

목차

contents

프롤로그 독서 교육으로 문해력의 씨앗을 뿌려주세요　4

# 1장

# 독서 교육을 할 때 꼭 알아야 할 것들

》 문해력이 도대체 뭐길래?　18
》 독서 교육의 진짜 목적, 문해력 키우기　24
》 부모와 하루 딱 30분이면 된다　30
》 책이 읽고 싶어지는 독서 환경 만들기　36
》 내 아이에게는 슬로 리딩? 다독?　43
》 문해력 위로 쌓이는 공부 습관　48

# 2장

# 그림책으로 시작하는 우리 집 문해력 공부

》 그림책으로 문해력 싹을 틔워라　56
》 아이의 성장을 기다리며 읽어주다　64
》 좋은 그림책은 어떻게 골라야 할까?　71
》 그림책 장르별 읽기 전략: 창작, 전래 · 명작, 지식 그림책　77
》 그림책 독후 활동 1: 말하기, 쓰기　83
》 그림책 독후 활동 2: 만들기, 그리기　91
》 그림책으로 한글 떼는 방법　97

# 3장
# 동화책으로 초등 문해력을 잡아라

》 동화책을 읽었을 뿐인데 공부가 쉽다고?　　　106

》 교과 연계 도서, 권장 도서의 달콤한 유혹　　　112

》 성장하는 아이의 동화책 계단 오르기　　　116

》 초간단 초강력 동화책 독후 활동　　　123

》 스마트폰, 게임을 이기는 동화책의 힘　　　131

》 책 읽는 아이에서 잘 쓰는 아이로　　　137

# 4장
# 꼬리에 꼬리를 무는 연결 확장 독서법

》 문해력 기르기의 또 다른 방법들　　　146

》 유튜브, 텔레비전, 컴퓨터와 독서를 연결하자　　　153

》 아이와 함께하는 1일 선생님 놀이　　　160

》 책과 친해지는 공간 활용 가이드　　　167

》 미처 몰랐던 전집 제대로 써먹는 법　　　173

》 학습 만화, 장점만 쏙쏙 잘 이용하기　　　179

》 메타 인지를 기르는 독서록 쓰기　　　186

》 창의성에 날개를 달아주는 연결 확장 질문법　　　192

# 5장
# 공부 습관을 만드는 습관 플래너

≫ 습관이 천재를 만든다         200

≫ 독서 습관이 곧 공부 습관인 이유         206

≫ 부모 잔소리를 잠재우는 습관 플래너         213

≫ 습관 플래너, 이렇게 쓰고 지킨다         219

≫ 습관 플래너로 경제 관념 심어주기         227

에필로그  이제는 부모 차례입니다         234

# 1장

## 독서 교육을 할 때
## 꼭 알아야 할 것들

# 문해력이
# 도대체 뭐길래?

"소귀에 경 읽기"라는 말이 있습니다. 아무리 말해도 듣지 않거나 혹은 잘 알아듣지 못하는 것을 이릅니다. 이처럼 듣기는 들었는데 알아듣지 못하거나 읽기는 읽었는데 이해하지 못하는 사람과의 대화는 어떨까요? 주변인뿐만 아니라 본인도 답답할 겁니다. 안타깝게도 책 읽는 아이에게서 자주 발견되는 모습입니다. 제가 독서 논술 수업을 할 때도 학생과의 사이에서 이런 대화가 자주 오갔습니다.

학생: 이 책 다 읽었어요!

교사: 그래, 어땠니?

학생: 재미있었어요.

교사: 그럼 등장인물부터 이야기해볼까?

학생: 어…. 누가 나왔더라…?

교사: 이때 주인공이 이렇게 행동했잖아.

학생: 그런 장면이 있었어요?

 

이런 경험, 집에서도 많이들 하셨지요? 동료 선생님들도 비슷한 이야기를 자주 했습니다. "학생들이 책을 제대로 읽지 못해요", "자기 학년 책을 잘 소화해내는 친구가 드물어요"라고 말입니다.

금방 읽었음에도 내용을 기억하지 못한다면, 작가의 의도나 주제는 근처에도 가지 못했겠지요. 우리는 보통 읽은 것을 이해하고, 주제를 파악하고, 그것을 자신의 것으로 소화해서 표현하는 것까지를 독서의 한 과정이라고 합니다. 하지만 이 모든 과정을 완벽하게 거치기란 쉽지 않습니다.

어느 때보다 아이 교육에 정성을 쏟는 시대인데, 왜 이런 문제가 생기는 걸까요?

## 글을 읽어도 이해를 못 하는 요즘 아이들

2021년 EBS에서 방영한 〈당신의 문해력〉이라는 프로그램은 우리나라 학생들의 문해력 실태를 매우 현실적으로 조명하여 큰 반향을 일으켰습니다. 초등학생은 물론 중고등학생의 문해력조차 매우 낮은 수준임을 보여주었기 때문입니다. 이로 인해 공부에 어려움을 겪고 있다는 사실은 충격적이기까지 했습니다. 우리나라는 전 세계적으로 문맹률이 낮은 국가인 데다 교육열도 높지만 정작 아이들은 교과서를 읽고 이해하는 것부터 어려워하고 있었습니다.

이 프로그램에서 특히 관심이 갔던 아이가 있었습니다. 과학 영재라 여겨질 법한 취미와 언변을 뽐내는 초등 2학년 남자아이였습니다. 그런데 이 아이에게는 책을 제대로 읽지 못한다는 반전이 있었습니다. 책을 제대로 읽지 못하니 책의 내용을 엉뚱하게 해석했습니다. 코로나19로 학교 수업이 온라인으로 대체되면서 읽기 교육을 제대로 받지 못한 탓에 듣고 경험한 것으로만 지식을 쌓고 있었습니다. 이 아이의 문해력 검사 결과는 2학년 평균에 훨씬 못 미치는 수준이었습니다. 알림장 쓰는 것조차 어려워하는 아이는 친구들이 다 하교한 뒤에도 교실에 혼자 남아 선생님과 일대일 수업을 이어갔습니다.

이처럼 온라인 학습을 1년이 넘게 진행한 초등 1~2학년 아이는 대부분 읽기의 기초를 제때 다지지 못했습니다. 그 결과 학업 성취력이 30퍼센트나 떨어졌고요. 영국 교육학자 테라 라일리 리즈의 연구 결과에 따르면 일반적으로 한 반에서 최대 5세까지의 학습 격차가 발생합니다. 그런데 학교에 가지 못하니 학습 능력의 부익부 빈익빈 현상이 더 심화되는 겁니다.

문해력이란 문자를 읽고, 의미를 파악하고 이해하는 능력입니다. 학교 공부는 교과서를 읽고 내용을 파악하고 이해하는 것이 기본입니다. 기본적인 부분이 해결되어야 문제집을 풀어서 문제 해결력을

문해력 강한 아이의 비밀

키우고, 필요한 부분은 암기해서 공부 능력을 끌어올릴 수 있습니다. 말하자면 문해력은 공부에서 가장 기본 수단인 셈입니다. 기본이 안 되면 당연히 학습 능력이 떨어집니다. 연쇄 반응이 일 듯 학교생활에서 자신감도 떨어질 수밖에 없습니다.

어른이라고 다를까요? 〈당신의 문해력〉 프로그램에서는 성인 880 명을 대상으로 문해력 테스트를 진행했습니다. 이때 복약 지도서, KTX 열차표 금액 계산법, 직장 휴가 일수 계산 안내서, 주택 임대차 계약서 등 일상에서 접할 수 있는 글이 사용되었습니다. 테스트 결과, 평균 점수는 54점이었습니다. 참여자들은 자신의 문해력이 보통 수준은 된다고 믿었지만 결과는 달랐습니다.

코로나19 팬데믹 기간 우리는 문해력 부족으로 웃지 못할 혼란까지 겪었습니다. '음성, 양성의 뜻'이 포털 사이트의 실시간 검색어에 등장했고, 기자들까지 '사흘과 3일', '나흘과 4일'을 헷갈려 했습니다. 정부가 마스크 5부제를 시행했을 때, 무작정 약국으로 달려가 마스크를 요구하는 사람들 탓에 약사들은 업무에 어려움을 겪었습니다.

직장 생활 경험자라면 문서를 읽고 이해하고, 그것을 바탕으로 필요한 문서를 작성하는 능력이 필수임을 잘 알 겁니다. 문해력 없이는 간단한 보고서 하나 작성하는 일도 쉽지 않습니다.

## 문해력 없이 살기 힘든 세상이 왔다

21세기가 요구하는 인재는 한 세기 전과 큰 차이가 있습니다. 지식 습득력은 기본이고, 온·오프라인에 흩어진 정보를 목적에 맞게 찾고 가공할 능력까지 갖추어야 합니다. 우리 사회뿐만 아니라 세계 문제에도 관심을 가지고 해결책을 고민할 줄 알아야 합니다. 너무 어려운 조건이라고 생각하시나요? 말이 거창해서 그렇지 이 능력들의 기본은 바로 문해력 한 가지입니다.

'모두가 잘 살 수 있는 방향을 제시할 수 있는 인재 양성'. 경제협력개발기구OECD가 진행하는 '에듀케이션 2030' 프로젝트의 핵심입니다. 이 프로젝트가 추구하는 교육은 전통적 교육과 다릅니다. 이제 우리 아이들은 스스로 지식을 습득하고, 이 지식을 주어진 과제와 문제를 해결하는 데 능동적으로 사용할 수 있어야 합니다. 따라서 더욱 고차원의 문해력이 필요합니다. 이것이 곧 미래 사회를 살아갈 세대에게 요구되는 역량입니다.

수많은 투자자의 세계적 멘토인 워런 버핏Warren Buffett은 이렇게 말했습니다.

"당신의 인생을 가장 짧은 시간에 가장 위대하게 변화시킬 방법은 무엇인가? 만약 독서보다 더 위대한 방법을 알고 있다면 그 방법을 따르기 바란다. 그러나 현재까지 발견한 방법 중에 찾는다면 결코 독서보다 더 좋은 방법은 없을 것이다."

이 말을 저는 이렇게 바꿔서 말하고 싶습니다.

"우리 아이들의 인생을 가장 위대하게 변화시킬 핵심 능력은 문해력입니다. 만약 이보다 더 확실한 방법을 알고 있다면 그 방법을 따르세요. 그러나 현재까지 발견한 방법 중에 문해력을 키우는 것보다 더 좋은 방법은 없을 것입니다."

그렇다면 문해력은 어떻게 길러야 할까요? 버핏을 비롯하여 성공한 많은 사람의 말에 따르면 독서보다 더 좋은 방법은 없습니다. 단, '문해력 기르기'라는 목적이 있는 독서가 필요합니다.

# 독서 교육의 진짜 목적,
## 문해력 키우기

아이: 책을 왜 읽어야 해?

부모: 응? 어….

아이: 책 읽는 건 괜찮은데, 독서록도 꼭 써야 해?

혹시 아이가 이런 질문을 한 적이 있나요? 그랬다면 지극히 정상적으로 잘 크고 있는 겁니다. 읽기 싫어서, 쓰기 싫어서 투덜대며 던진 질문이어도 괜찮습니다. 부모 입장에서는 '그냥 좀 읽으면 안 되겠니?'라는 생각이 들 수 있겠지만, 어떤 일을 할 때 그 일을 왜 해야 하는지 알고 하는 것과 모르고 하는 것의 차이는 큽니다.

아이도 그림책을 읽을 때까지는 그래도 책이 재미있습니다. 하지만 점점 읽어야 하는 글의 양이 늘어나고 내용은 어려워집니다. 거기

문해력 강한 아이의 비밀

다 글쓰기까지 하려니 문득 '이 힘든 걸 왜 하는 걸까?' 하는 궁금증
이 일 수 있겠지요.

## 생활 속에서 독서는 무슨 쓸모가 있을까?

제가 독서 논술 수업을 했던 많은 아이가 책 읽는 이유를 물었습니
다. 특히 조금 어렵게 느껴지는 책을 읽고 난 후에, 혹은 글쓰기가 어
렵게 느껴질 때 하나같이 볼멘소리를 했습니다.

그저 책을 읽게 하고, 글을 쓰게 하는 것으로 독서 교육을 한다고
할 수는 없습니다. 독서 교육은 책을 좀 더 잘 읽어서 잘 이해할 수
있도록 돕는 교육입니다. 또 이해한 내용을 바탕으로 자기 생각을 잘
정리해서 잘 표현할 수 있도록 돕는 교육이지요. '책은 그냥 읽으면
되는 것 아닌가?'라고 생각한다면 아이를 떠올려보시기 바랍니다. 한
글을 읽을 줄 안다고 책 내용도 잘 이해하던가요? 그리고 표현도 잘
하던가요?

《사피엔스》의 작가인 유발 하라리Yuval Harari는 "현재 학교에서 가르
치는 내용의 80~90퍼센트는 아이들이 40대가 되었을 때 전혀 쓸모없
는 것이 될 확률이 높다"라고 했습니다. 2016년 다보스포럼에서는 미
래에 인공지능과 로봇의 영향으로 전 세계 710만 개의 일자리가 사라
지는 반면 새로운 일자리는 200만 개가 창출될 거라는 내용의 발표가
있었습니다. 현재의 일자리를 얻기 위해 습득한 지식이 미래에는 쓸
모없어질지 모릅니다.

우리 아이들은 지식 자체가 아닌 새로운 지식을 습득해서 자신의 것으로 만들고 재창조하는 방법을 배워야 하는 시대에 살고 있습니다. 다시 말해 배우는 방법을 배워야 하는 것입니다. 이것이 책을 읽어야 하는 이유입니다.

저는 학생이 질문하면 질문으로 돌려줄 때가 많았습니다.

"너는 책을 왜 읽는다고 생각해?"

그러면 마치 누가 정답지라도 보여준 것처럼 비슷한 이야기를 하더군요.

"공부 잘하려고요." "나중에 잘 살려고요."

이와 달리 "재미있어서요"라고 말하는 아이에게는 굳이 더 설명할 필요가 없습니다. 그 아이는 계속해서 책을 읽고, 스스로 배우는 방법을 찾을 테니까요.

공부를 잘하기 위해서, 나중에 잘 살려고 읽는다는 말도 틀리지 않습니다. 오히려 정답에 더 가깝습니다. 책을 읽으면 공부를 잘할 수 있는 기본기를 갖추게 됩니다. 내용을 파악해서 이해하는 능력, 즉 문해력이 길러집니다. 사회로 나가 어떤 일을 하든 자신의 능력을 발휘할 수 있는 유리한 조건을 갖추는 셈입니다. 또한 책은 잘 살려고 읽는 것이 맞습니다. 물론 잘 산다는 의미는 사람에 따라 다르겠지만, 보통은 능력을 발휘하며 사람들과 함께 어우러져 자신이 추구하는 가치를 실현하는 삶을 말합니다. 이를 위해 선행되어야 하는 것이 책 읽기입니다.

## 아이들 문해력 키우기에 힘쓰는 션진국들

최근 전 세계적으로 문해력 저하가 큰 문제가 되고 있습니다. 미래 사회의 핵심 역량이 저하되는 것을 막기 위해 나라마다 국가적 차원의 노력을 기울이고 있습니다.

프랑스는 2016년부터 문해력 증진을 위한 교육 정책을 시행했습니다. 초등부터 중등까지 매일 소리 내 읽기 활동을 하고, 학급에서 일정 시간 독서를 합니다. 학생이 책을 좋아할 수 있도록 방학 동안 읽을 책을 배포합니다. 교사는 연간 18시간의 연수 시간 중 절반을 읽기 교육에 대한 연수를 받습니다. 읽기 능력이 부족한 학생에게는 직접적인 읽기 교육을 합니다. 무엇보다 저연령 소외 계층의 기초 학업 능력 부족을 막기 위해 문해력 교육을 실시합니다.

영국 정부과학사무국은 2017년 예지 프로젝트Foresight Project를 시작했습니다. 기술 변화와 인구 고령화 등이 미래 기술에 어떤 변화를 미칠지 연구하는 프로젝트입니다. 그 일환으로 언어와 문해력의 조기 발달이 취약한 지역에서 독서 교육을 의무화했습니다. 문해력 부진 중등학생을 파악해 문해력과 수리력을 키우기 위한 비용을 1인당 500파운드씩 지원하고 있습니다.

미국 역시 모든 사회 구성원이 일정 수준 이상의 문해력을 갖추도록 정책적인 노력을 기울여왔습니다. 현재 미 정부는 세 가지 전략을 시행 중입니다. 첫째, 영아부터 초등 저학년까지 일정 수준 이상의 읽기 능력을 갖추도록 하는 법을 마련했습니다. 둘째, 초중등학생의 읽기 능력 수준을 지속해서 평가하고 점검합니다. 셋째, 영어 사용 능력에 제한이 있는 학생을 집중적으로 지원하는 정책을 마련했습니다. 그 구체적인 방안이 읽기 수업입니다. 학교를 비롯하여 지역 도서관을 중심으로 독서 교육 및 독서 활동이 활발히 이루어지고 있습니다.

이처럼 선진국에서 문해력 수준을 올리기 위해 시행하는 정책에는 공통점이 있습니다. 바로 독서 교육입니다. 손끝에서 엄청난 양의 정보를 찾아낼 수 있는 정보화 시대이자, 인공지능 기술이 고도로 발달 중인 4차 산업혁명 시대입니다. 그럼에도 나라마다 책을 읽도록 교육합니다. 왜일까요? 그것이 문해력을 기르기 위한 최선의 방법이기 때문입니다.

## 학교가 아닌 집에서의 독서 교육이 더 중요한 이유

문해력은 타고나는 것이 아니라 발달시킬 수 있는 능력입니다. 특히 가정에서 더욱 효과적으로 기를 수 있습니다. 학교에서는 선생님 한 명이 20명 가까이 되는 학생들을 가르치기에 각각의 수준에 맞추어 수업하는 것은 현실적으로 어렵습니다. 더군다나 정해진 교과 과정을 가르치려면 기본적인 읽기 능력을 갖추었다는 전제하에 수업을 해야 합니다. 그러니 문해력이 낮은 아이는 수업을 따라가지 못하고 지속해서 학습 격차가 발생합니다. 하지만 가정에서는 아이의 수준과 성향에 딱 맞는 맞춤 교육을 할 수 있습니다.

독일 대문호 요한 볼프강 폰 괴테Johann Wolfgang von Goethe의 어머니는 어린 괴테에게 밤마다 책을 읽어주었습니다. 재미있는 부분은 스스로 상상해볼 수 있도록 하면서 생각하는 힘을 길러주었죠. 19세기 영국 철학자이자 최고의 사상가였던 존 스튜어트 밀John Stuart Mill은 세 살 때부터 아버지의 토론식 독서 교육으로 자랐습니다. 미국에서 진영을 초월해 인기를 누렸던 미국 35대 대통령 존 F. 케네디John F. Kennedy는 아버지의 책 읽어주기와 어머니의 독서 교육을 받으며 자랐습니다. 이들은 모두 가정에서 부모로부터 독서 교육을 받고 훌륭하게 성장했다는 공통점이 있습니다.

이처럼 독서 교육은 가정에서 가장 효과적으로 진행할 수 있습니다. 아이가 자신의 능력을 발휘하며 잘 살기를 바란다면 오늘, 바로 지금, 아이와 함께 책을 펼치세요. 부모의 독서 교육으로 내 아이에게 딱 맞는 맞춤 교육을 시작해보세요.

# 부모와
# 하루 딱 30분이면 된다

아이가 세 살쯤 되면 바깥 놀이의 즐거움을 알게 되어 눈만 뜨면 밖으로 나가자고 부모 손을 잡아 이끕니다. 아이는 그 작은 발로 가지 못하는 곳이 없습니다.

"나가! 나가!"

공원에서, 놀이터로, 산으로, 친구 집으로 열심히 놀다가 집에 들어와도 넘치는 에너지를 주체하지 못해서 또다시 '같이' 놀자고 보챕니다.

초보 부모는 대부분 아이와 놀아주는 것을 어려워합니다. 부모가 되었다고 저절로 아이와 잘 놀아줄 수 있는 능력이 생기는 건 아니거든요. 그래서 아이가 어릴 때 또래 아이의 부모들은 서로에게 "아이랑 뭐 하고 놀아줘요?"라는 질문을 자주 주고받습니다.

문해력 강한 아이의 비밀

## 그림책으로 배우는 육아법

감사하게도 그런 시기에 제게는 한 줄기 빛이요 길이요 진리인 '그림책'이 있었습니다. 그림책 한 권이 수많은 육아서보다 더 큰 힘이 되어주었지요. 그림책에 등장하는 아이는 제 아이의 마음을 대변했습니다. 그 아이의 말과 행동, 웃음과 울음을 통해 제 아이의 마음 가까이 다가갔습니다. 그림책 속 인물로부터 아이와 놀이하는 법, 대화하는 법, 아이의 말과 행동에 대응하는 법을 배웠습니다. 무엇보다 아이의 마음을 읽고 사랑을 표현하는 방법을 알아갔습니다.

초보 부모는 아이 문제에 있어 모든 면에서 부족하다고 느낍니다. 그럴 때 만나는 그림책은 사막 여행 중 만난 오아시스 같습니다. 시원한 물을 마시며 쉬어가게 하고 다시 잘 걸을 수 있는 힘을 줍니다.

아이와 30분 이상 놀아주기란 쉽지 않습니다. 아이와 놀아주기 위해서는 부모에게도 창의력이 필요합니다. 아이와 눈높이도 맞출 수 있어야 합니다. 그럴 때 그림책 한 권이 있으면 30분이 아니라 한 시간도 거뜬합니다. 책과 아이와 부모, 이 삼각형 구도의 끈끈한 관계 위에 소중한 시간을 쌓아보세요.


## 호기심을 채우다 보면 문해력 기초가 탄탄

아이가 조금 더 크면 "이건 뭐야? 저건 뭐야?" 하던 수준의 질문이 "이건 왜 그래? 그건 어떻게 그렇게 된 거야?"라는 수준으로 업그레이드됩니다. '왜?'에 대한 답을 알려주는 것은 부모도 처음 해보는 고

난도의 일입니다. 그럴 때 필요한 것은 책입니다. 네이버나 구글에서 검색해 사전처럼 정확한 답을 내놓는 것도 필요합니다. 하지만 답을 찾아가는 과정을 아이가 직접 경험하는 것은 더 중요합니다. 부모와 함께 책을 찾아보고, 책에 나온 글과 그림을 통해 호기심이 해결되는 기쁨을 느껴보는 것이지요. 유튜브에서 아이의 호기심을 해결할 영상을 함께 찾아보는 것도 좋습니다. 아이의 호기심이 책과 미디어, 자연 속에서 채워질 때 문해력이 자랍니다. 호기심을 해결하는 방법을 배우고, 이것이 또 다른 호기심으로 이어지기 때문이지요. 이 모든 과정의 중심에는 언제나 책이 있어야 합니다.

호기심을 책으로 해결하는 것에는 여러 장점이 있습니다. 먼저 목적의식을 가지고 책을 읽기 때문에 책 읽는 방법을 자연스럽게 배웁니다. 또 평소에 사용하지 않는 어휘를 익히고 사용하게 됩니다. 미디어 역시 목적에 따라 유용하게 이용하는 도구, 즉 필요한 정보를 찾는 수단이라고 인지하는 겁니다. 아이의 호기심을 채우는 활동은 문제를 해결하는 방법을 배우는 과정입니다. 이 과정에서 아이는 또 다른 호기심도 발견하지요. 이 모든 과정이 문해력의 기초가 됩니다.

## 하루 30분만 아이에게 투자하라

아이가 초등학생이 되면 다정하고 친절했던 부모의 태도도 자연스럽게 달라집니다. "엄마, 그건 왜 그런 거야?" 아이는 아는 것이 많아질수록 호기심도 커집니다. 하지만 이제 부모로부터 돌아오는 답변은

문해력 강한 아이의 비밀

다릅니다. 부모는 대부분 "네가 찾아봐. 책 찾아보면 되잖아"라거나 "너도 글 읽을 수 있잖아. 직접 찾아봐"라고 대답합니다. 아예 "몰라"라고 말해서 질문을 차단하는 경우마저 있습니다. 하지만 이렇게 하면 아이의 호기심이 뻗어나갈 수 없습니다. 초등학생은 자신의 관심사를 파악해서 자발적으로 책을 찾아보고, 다양한 방법을 동원해서 스스로 자신의 호기심을 해결하기에 아직은 어린 나이입니다. 어른의 도움이 필요합니다.

아이의 호기심을 다양한 방법으로 채워주고 확장해주는 방법은 이렇습니다. 딱 15분만 호기심을 채워줄 책을 함께 읽어보세요. 그리고 15분은 그와 관련된 활동을 하고요. 이것은 아이가 어릴 때부터 초등 고학년이 될 때까지 부모가 문해력을 키워주는 가장 효과적인 방법입니다.

최근 저는 아이들과 〈키스 더 유니버스〉라는 다큐멘터리를 보았습니다. 우주 공간을 증강 현실AR 기술로 대형 무대에 구현한 체험형 다큐멘터리 쇼입니다. 주지훈 배우가 그 공간에서 연기하듯 내용을 전달합니다. 재미있는 진행 방식과 실감 나는 증강 현실 기술에 마치 영화를 보는 듯 흥미진진했습니다. 첫째 아이는 평소 우주에 관심이 많아서 관련 분야 책을 즐겨 읽습니다. 이 다큐멘터리를 통해 화성을 사람이 살 수 있는 환경으로 만드는 프로젝트인 '화성 테라포밍'에 관심을 갖게 되었습니다. 아이와 함께 호기심에 관한 책과 인터넷 자료를 더 찾아보았습니다. 그러던 중 '테라포밍 마스'라는 보드게임을 알게 되었습니다. 아이의 생일 선물로 이 보드게임을 주자 아이는 빨리 해보고 싶어 몸살이 났습니다.

"가족이 다 같이 이 게임을 하면 좋겠어."

"그럼 네가 게임 방법을 잘 읽어보고 우리한테 알려줘. 특히 동생에게는 이해하기 쉽게 알려줘야 해."

아이는 게임 설명서를 읽고 또 읽었습니다. 자기도 완벽하게 이해해야 다른 사람에게 쉽게 설명할 수 있으니까요. 아이의 그런 노력 덕분에 온 가족이 화성 테라포밍 프로젝트를 보드게임으로 재미있게 즐겼습니다.

## 독서 영재들에게서 발견한 네 가지 규칙

짐 트렐리즈는 《하루 15분 책 읽어주기의 힘》에서 독서 영재들에게서 발견한 네 가지 규칙을 소개했습니다.

첫째, 부모가 아이에게 규칙적으로 책을 읽어줍니다. 부모도 항상 책을 읽습니다.

둘째, 집에 책, 잡지, 신문, 만화 등 다양한 인쇄물이 있습니다.

셋째, 종이와 연필 등 쓰고 표현할 수 있는 환경이 갖추어져 있습니다.

넷째, 가족이 아이의 독서와 글쓰기 활동에 관심을 가지며 여러 방법으로 흥미를 자극합니다. 아이의 질문에 적극적으로 답하고, 서점이나 도서관에 자주 데려갑니다. 아이의 호기심을 자극하고, 아이

문해력 강한 아이의 비밀

스스로 만든 창작물을 자랑스럽게 여기도록 전시해줍니다.

 이 규칙들을 살펴보면 독서 영재는 책 읽어주는 부모와 책이라는 매개체, 그리고 호기심을 표현할 수 있는 가정환경이 만든 결과물임을 알 수 있습니다.

 아이의 문해력은 책과 책 읽어주는 부모, 아이의 호기심을 파악하려는 부모의 관심에서 자라납니다. 하루에 30분이라는 길지 않은 시간으로 아이의 문해력을 키워줄 수 있다면 투자해볼 만하지 않나요?

# 책이 읽고 싶어지는
# 독서 환경 만들기

여러분에게 퀴즈를 하나 내보겠습니다. 이 책이 무엇인지 맞춰보세요.

전철역에서 9와 4분의 3 승강장을 찾게 만든 책입니다.

전 세계 아이들이 지팡이를 휘두르며 "윙가르디움 레비오우사"를 외치게 했죠.

전 세계에 67개의 언어로 번역 출간되고 약 4억 5천만 부가 넘게 팔리는 신기록을 세웠습니다. 총 여덟 편으로 제작되어 전 세계에서 77억 달러의 흥행 수입을 기록한 영화의 원작입니다.

답은 무엇일까요? 네, '해리 포터 시리즈'입니다. 작가인 조앤 롤

링Joan Rowling에 관한 이야기도 잘 알려져 있고요. 그런데 혹시 그녀가 어릴 때부터 책과 함께 자란 것도 아시나요? 그녀의 어머니는 조앤과 동생에게 자주 책을 읽어주었습니다. 책은 함께 읽으면 감동을 나눌 수 있고 더 행복해진다는 사실을 잘 알고 있었기 때문입니다. 또한 자신도 장르를 가리지 않고 읽는 독서광이었습니다. 덕분에 집에는 고전 문학, 전기, 역사, 연애 소설, 추리 소설 등 온갖 종류의 책이 넘쳐났습니다. 조앤은 어릴 때부터 책을 장난감처럼 갖고 놀면서 자랐습니다. '해리 포터 시리즈'는 책이 넘치는 집과 매일 책 읽어주는 엄마의 목소리라는 양분을 먹고 자라난 결실이라고 볼 수 있습니다.

반면에 책에 대한 '결핍'으로 책을 가까이하게 된 인물도 있습니다. 물리학자이자 뇌과학자며 과학 동화 '인간 탐구 보고서 시리즈'를 쓴 정재승 박사입니다. 그는 한 방송에서 도서관을 방불케 하는 어마어마한 양의 책에 둘러싸인 집을 선보였습니다. 정재승 박사는 어린 시절 책에 대한 결핍으로 책을 가까이하게 되었다고 말했습니다. 그의 부모님은 열혈 독서가였지만, 정작 아들에게는 "애들이 무슨 책을 읽냐"며 나가서 뛰어놀게만 했습니다. 그는 '책은 굉장히 재밌는 것들로 가득 차 있는데, 어른들이 우리한테 숨기고 그들만 즐기고 있다'라고 생각했지요.

여기서 주목할 점이 있습니다. 정재승 박사의 부모님은 어린 아들에게는 책을 못 읽게 하면서 본인들은 재미있게 읽는 고도의 심리 전략을 쓰셨다는 점입니다. 그로 인해 '책은 재미있는 것'이라는 생각을 하게 만들었지요. 더 중요한 것은 책 읽는 모습을 끊임없이 볼 수 있는 환경을 제공한 것입니다.

## 책이 잘 읽히는 독서 환경, 이렇게 만든다

요즘은 책이 결핍된 가정을 찾아보기 어렵습니다. 책장에 전집이 몇 세트씩 꽂혀 있는 집이 흔합니다. 그게 아니면 단행본이라도 그 자리를 가득 메우고 있습니다. SNS로 공동 구매를 하고, 중고 거래를 통해 유명하다는 전집을 저렴하게 들이며, 지인의 아이가 더 읽지 않는 책을 물려받기도 합니다. 학교에서 받아온 권장 도서 목록을 참고해 도서관에서 빌려오기도 하고, SNS에서 추천 도서 목록을 보면 온라인 서점에서 구입하기도 합니다. 이렇게 우리 아이들은 책을 쉽게 섭할 수 있는 환경에서 살고 있습니다. 이제는 그 수많은 책을 읽을 수 있도록 물리적·정신적 환경을 만들어주어야 합니다. 구슬이 서 말이라도 꿰어야 보배니까요.

### ① 독서는 달콤하다는 생각 심어주기

유대인 부모는 책 위에 달콤한 벌꿀을 한두 방울 떨어뜨리고 아이에게 핥아먹어보게 합니다. 이유가 뭘까요?

첫째, 책과 지식에 대한 흥미를 안겨주기 위해서입니다.

둘째, 책 속에는 삶을 달콤하게 해주는 지식이 있다는 것을 깨닫게 하기 위해서입니다. 살면서 어려운 상황을 만났을 때 책 속에서 그 해결법을 찾는다면, 책은 꿀처럼 달콤한 것이 되겠지요.

유대인의 방법을 응용해 아이들이 책을 읽으면 달콤한 간식을 챙겨주세요. 맛있는 과자를 작은 그릇에 담아 책 읽는 아이 옆에 조용히 놓습니다. 달콤한 사탕이나 초콜릿 한 조각을 입안에 쏙 넣어주기도 하고요. 책에 몰입하는 시간이 달콤하고 즐겁다고 느끼게 만드는 것이 목적입니다. 책 읽기가 마냥 즐겁기만 한 일은 아닙니다. 때로는 정신을 집중해서 글자를 읽고 문장을 파악하고 내용을 이해해야 합니다. 많은 에너지를 써야 하는 활동이지요. 하지만 아이의 머릿속에 '책 읽는 시간=달콤함'이라는 공식이 자리 잡으면 즐겁게 그 시간에 몰입할 가능성이 커집니다.

## ② 독서하기에 불편함 없는 환경 만들기

《나의 하루는 4시 30분에 시작된다》의 저자 김유진 변호사는 매일 새벽 4시 30분에 일어나 하루를 시작합니다. 그 시간에 일어나 출근하기 전 1시간 30분가량을 온전히 자신만을 위해 사용합니다. 그는 "우리에게는 그날의 계획을 실천할 수 있도록 만들어줄 환경과 동기가 필요하다"라고 합니다. 특히 새벽에 일어나는 것이 피곤할 수 있기에 최대한 불편함이 없도록 계획합니다. 또한 그 시간에는 자신을 소중하게 대접하는 일을 한다고 밝혔습니다.

독서 교육도 이와 같아야 합니다. 아이가 매일 편안하게 책을 읽을 수 있는 환경과 동기를 만들어주는 것이 중요합니다. 책이나 읽을

거리가 늘 주변에 있어서 찾고 고르는 것 자체를 피곤하게 느끼지 않아야 합니다. 아이가 주로 생활하는 거실이나 방에 읽을 만한 책을 충분히 마련해두세요. 또 아이를 도서관이나 서점에 자주 데려가서 책과 자주 접하게 해주세요.

책에 대한 자극이 전혀 없는 상황에서 아무도 시키지 않는데 '심심한데 책이나 읽어볼까'라고 생각하며 책을 집어 드는 아이는 거의 없습니다. 아이가 책을 읽게 하고 싶다면 주변에 책을 놓아주세요. 그리고 책 읽는 시간 동안 소중하게 대우받는 경험을 선물하세요.

### ③ 자유로운 의사소통 환경 만들기

집에 책이 많고, 도서관에 자주 데려가면 완벽한 환경이 갖추어진 것일까요? 두 아이를 각각 서울대와 카이스트에 보낸 유정임 작가는 《아이가 공부에 빠져드는 순간》에서 의사소통이 중요하다고 말합니다. "아이는 공부하기 싫은 것이 아니라 공부하기 싫게 만드는 환경이 있을 뿐"이라고 했습니다.

저는 이 책에서 소개된 다양한 팁 중에서 책 읽기를 그다지 좋아하지 않는 둘째 아이의 학습 성취 방법이 인상적이었습니다. 작가는 아이의 언어 능력을 길러주기 위해 무슨 일을 하든 아이와 충분히 대화하면서 논리적으로 말하도록 유도했습니다. 그리고 아이의 말을 끝까지 들어주고 적극적으로 반응하려고 노력했습니다. 아이를 의사소통의 상대방으로 인정하고 자기 생각을 자유롭게 표현할 기회를 제공한 것입니다. 이렇게 부모의 세심한 언어적 상호 작용은 아이의 언어 발달을 촉진하는 매우 중요한 환경을 제공하는 것입니다.

## 독서란 자립의 첫 걸음 떼기

유대인은 전 세계 인구의 0.02퍼센트에 불과하지만, 전체 노벨상 수상자 수의 35퍼센트나 차지합니다. 그들은 자녀 교육에 있어서 '자립심'을 매우 중요하게 생각합니다. 《유대인 엄마의 힘》을 쓴 사라 이마스는 "아이 스스로 인생의 파도를 헤쳐나가게 해야지만 그 어떤 비바람이 몰아쳐도 꿋꿋이 항해를 계속할 수 있는 법"이라고 했습니다. 그리고 "아이가 스스로 인생의 파도를 헤쳐나가려면 부모가 '태만한 양육'을 해야 한다"고 합니다. 부모가 아이에게 적절히 주도권을 주고 지나친 간섭을 하지 않아야 아이가 독립적으로 클 수 있다는 것입니다. 유대인 부모는 자신을 위한 시간을 가지면서 아이에게서 한 발 뒤로 물러납니다. 바로 그때 아이에게 스스로 할 수 있는 힘이 생긴다고 여깁니다.

〈요즘 육아 금쪽같은 내 새끼〉는 육아가 어려운 부모에게 현명한 육아법을 코칭해주는 텔레비전 프로그램입니다. 프로그램의 멘토인 오은영 박사도 "양육의 목적은 아이의 자립과 독립"임을 강조합니다. 아이의 자립심을 키우기 위해서 부모는 적절한 순간에 아이의 손을 놓을 수 있는 용기를 발휘해야 합니다. 조금은 게으르고 태만한 태도로 아이에게서 조금 떨어져 있는 지혜도 필요합니다. 아이도 부모 손을 놓고 스스로 생각하고 행동하는 경험을 쌓아야만 인생을 주체적으로 살아갈 힘이 생깁니다.

그런데 아무런 준비도 없이 어느 날 갑자기 아이의 손을 놓을 수는 없습니다. 그 준비 과정이 바로 독서입니다. 독서로 아이의 생각하는 힘이 커지고 문제를 해결할 수 있는 능력이 자라야 자립할 준비가 되었다고 볼 수 있겠지요. 그때부터 부모는 천천히 아이의 손을 놓고 한 걸음 떨어져 아이를 바라볼 수 있는 용기가 생기는 겁니다.

책을 쉽게 접할 수 있고, 자유로운 의사소통이 가능한 환경까지 더해지면 아이의 독립은 좀 더 가까워집니다. 이 모든 노력은 학교나 학원이 해줄 수 없습니다. 아이에 대한 부모의 관심과 사랑으로만 가능하지요. 아이가 저항감 없이 받아들일 수 있는 환경을 만들어놓고, 그 안에서 서서히 부모의 힘을 조절하는 전략이 필요합니다. 결국에는 아이의 자립과 독립이 목표니까요.

# 내 아이에게는
## 슬로 리딩? 다독?

"인생은 짧고, 저세상에 갔을 때 책을 몇 권이나 읽고 왔느냐고 묻지도 않을 것이다. 그러니 무가치한 독서로 시간을 허비한다면 미련하고 안타까운 일 아니겠는가?"

많은 이들의 인생 책 《데미안》의 작가 헤르만 헤세는 의미 없는 독서는 무가치하다고 말했습니다. 그는 《헤르만 헤세의 책이라는 세계》에서 "뚜렷한 자기만의 생각 없이 많이 읽기만 하는 것은 환자가 약국을 다 뒤져서 온갖 약을 다 먹어보는 것만큼 어리석은 일"이라고 비판합니다.

반면에 "남아수독오거서男兒須讀五車書"는 다독을 권장하는 말입니다. 이 말은 사는 동안 다섯 대의 수레에 실을 만큼의 책을 읽어야 한다는 뜻입니다. 빌 게이츠Bill Gates, 일론 머스크Elon Musk, 워런 버핏 등 세계적인 부자들 중에는 다독가가 많습니다. 특히 하버드대학교 졸업장보다 독서하는 습관이 중요하다고 말한 빌 게이츠는 10년 동안 130권의 책을 추천할 정도로 책을 좋아하고 많이 읽는 다독가입니다.

한 권을 천천히 깊이 읽느냐, 많은 책을 빠르게 읽느냐는 책을 읽는 사람들의 오래된 고민 중 하나입니다.

## 책을 많이 읽는다고 좋은 게 아니다

저는 독서 수업을 하면서 다양한 환경의 가정을 방문했습니다. 책이 온 벽면을 둘러싼 집도 있었고, 작은 책장 하나에 단 몇 권의 책만 꽂힌 집도 있었습니다. 책이 많은 집의 아이가 많이 읽고 잘 읽는 것이 일반적이긴 합니다만 독서량과 독서 능력이 항상 정비례하지는 않았습니다. 집에 책이 많다고 해서 많이 읽고 깊이 있게 읽는 것은 아니라는 겁니다. 책을 어떤 방법으로 읽어야 하는지 알고, 그것을 적재적소에 잘 활용해서 읽는 능력을 갖추는 것이 중요하지요.

유기산과 비타민이 풍부하여 과일의 여왕이라고 불리는 포도는 여러 방법으로 먹을 수 있습니다. 포도알을 입안에 넣고 껍질째 대강 씹어서 삼키며 많은 양을 빠르게 먹을 수도 있고, 한 알 한 알 정성스럽게 입안에 넣고 꼭꼭 씹어 포도의 질감을 세심하게 느끼며 즙의 새콤하고도 달큰한 맛을 음미할 수도 있습니다. 후자의 방법으로 먹으면 많이 먹을 수는 없겠지요. 이외에 포도를 갈아서 주스를 만들거나 오랫동안 발효, 숙성시켜 포도주를 만들 수도 있습니다. 설탕과 함께

문해력 강한 아이의 비밀

오랜 시간 졸여서 쨈을 만들어 빵에 발라 먹을 수도 있고요. 과연 어떤 방법으로 먹어야 포도를 잘 먹은 걸까요? 당연히 최고의 방법을 꼽는 것은 불가능합니다.

독서에 비유하자면 때론 많은 양의 책을 읽어야 할 때도 있고, 한 권의 책을 씹고 뜯고 맛보며 천천히 읽어야 할 때도 있습니다. 또 다양하게 적용하고 활용하며 읽어야 할 때도 있습니다. 다시 말해 우리는 읽는 순간의 목적과 필요에 따라 책을 다르게 읽어야 합니다.

## 생각하는 힘을 키우는 슬로 리딩

'슬로 리딩'이 화제가 된 적이 있습니다. 일본의 많은 오피니언 리더가 하시모토 다케시 선생님의 슬로 리딩 수업을 언급하면서 관심받기 시작했습니다. 슬로 리딩은 읽기와 쓰기, 생각하기 등 소설 한 권을 다방면으로 접근하는 독서 수업입니다. 공부가 아니라 놀이처럼 아이에게 흥미와 즐거움을 주지요. 하시모토 선생님은 교과서 대신 소설《은수저》로 중학생들과 3년에 걸쳐 수업을 했습니다. 이 수업을 받은 학생들은 슬로 리딩으로 자신을 성장시키는 방법을 알게 되었다고 입 모아 이야기했습니다.

그런데 하시모토 선생님의 슬로 리딩 수업이 탄생한 데는 다독의 영향이 컸습니다. 선생님은 젊은 시절 친구와의 독서 경쟁으로 닥치는 대로 책을 읽는 과정 중에 나카 간스케가 쓴《은수저》를 만났습니다. 그 덕분에 수업에서 이 책을 활용할 수 있었습니다. 책을 고르는 안목이 다독으로 길러진 것입니다.

　하시모토 선생님은 아이들에게 다른 책도 많이 읽혔습니다. 그는 "생각하는 능력을 습득하기 위해서는 천천히 차분히 한 권의 책을 완벽하게 읽어야 합니다. 동시에 인간의 삶과 존재 방식의 폭을 사유하기 위해 가능한 한 많은 책을 읽는 거지요"라며 슬로 리딩과 다독의 중요성을 동시에 강조했습니다.

　《EBS 다큐프라임 슬로 리딩, 생각하는 힘》은 일본의 슬로 리딩 교육법을 우리나라 한 초등학교 5학년 학생들에게 6개월간 적용한 수업을 기록한 책입니다. 이에 따르면 슬로 리딩을 하는 동안 아이들이 실제로 읽은 책은 한 권이 아닙니다. 이처럼 한 권의 책으로 인해 또 다른 책을 읽고 점차 수십, 수백 권의 책을 읽게 되는 것이 슬로 리딩의 효과입니다.

## 슬로 리딩에서 다독으로, 점점 커지는 아이의 세계

권정생 작가의 《랑랑별 때때롱》은 초등 중학년 이상의 아이에게 추천하는 동화입니다. 먼저 이 책은 줄거리가 흥미진진합니다. 등장인물의 동심 가득한 생각과 행동 등 아이가 푹 빠져 읽을 만한 요소가 가득합니다. 주인공들은 때때롱을 따라간 랑랑별에서 투명 망토, 로봇과 인간의 공존, 복제 인간, 복제 동물 등 흥미로운 주제를 만납니다. 랑랑별은 마치 지구의 미래 모습 같기도 합니다.

　이 책을 읽은 아이가 또 다른 책을 읽게 하려면 어떻게 하면 될까요? 아이가 책을 읽는 도중 호기심을 보인 주제를 다룬 또 다른 책을 찾아서 읽게 하세요. 그 책은 또 다른 이야기책일 수도 있고, 사회, 과학, 수학, 역사, 음악, 미술 등을 다룬 지식 책이 될 수도 있고, 시가 될 수도 있습니다. 어떤 책이든 꼬리에 꼬리를 물고 이어지는 책 읽기를 하다 보면 아이는 해당 분야에 대해 더 큰 흥미를 느낄 겁니다. 무엇보다 책 읽는 재미를 알게 될 테고요. 이렇게 한 권의 책을 깊이 읽고, 호기심이 생긴 주제에 대한 또 다른 책을 찾고 선택하고 읽는 과정이 반복되면 아이는 자연스럽게 다독의 길로 들어섭니다.

슬로 리딩과 다독을 따로 구분해서 어느 한쪽만 취할 수는 없습니다. 책을 자세히 깊이 읽다 보면 더 깊이 알고 싶은 주제가 늘어납니다. 또 매력을 느낀 작가의 작품을 연달아 보는 연쇄 독서 작용이 일어나지요. 천천히 깊이 생각해야 자신만의 생각을 가질 수 있고, 충분히 많이 읽어야 비판적으로 읽게 됩니다. 재미에서 시작된 독서가 호기심을 낳고, 이어진 독서는 관심의 폭을 넓혀 또 다른 궁금증을 낳습니다. 꼬리에 꼬리를 물고 이어지는 독서로 아이의 독서 세계는 상상할 수 없을 정도로 깊고 넓어집니다.

그러니 '슬로 리딩이냐, 다독이냐'를 고민하지 말고 일단 아이가 책 읽기부터 시작하게 해주세요. 책 읽는 방법은 어느 순간부터 아이가 정하기 마련이니까요.

# 문해력 위로 쌓이는
# 공부 습관

"정답보다 중요한 건 답을 찾는 과정이야."
영화 〈이상한 나라의 수학자〉 속 대사입니다. 이 영화는 학문의 자유
를 위해 탈북한 천재 수학자와 상위 1퍼센트 영재가 모인 자율형 사
립 고등학교에 다니는 학생의 이야기를 다룹니다. 수포자인 '한지우'
학생이 우연히 천재 수학자인 '이학성'의 정체를 알게 되고, 그로부터
수학을 배웁니다. 우리는 흔히 문제를 풀어서 정답을 찾는 것이 공부
라고 생각합니다. 한지우 학생도 그동안 정답만 찾는 공부를 해왔습
니다. 그런데 이학성은 올바른 풀이 과정을 찾아가는 방법을 가르칩
니다. 이학성이 가르치는 수학은 단순히 대학에 가기 위해 공부해야
하는 과목 중 하나가 아닙니다. 수학은 그 자체로 아름답고 신비로운
학문이며, 우주 만물의 원리를 파헤치는 학문입니다. 또한 세상과 소

통하는 언어이기도 합니다.

　수학을 단순히 공식을 암기해서 답만 찾아내면 되는 과목으로 생각한다면 어렵고 지루하고 따분하기만 합니다. 학창 시절 많은 수포자에게는 아마도 수학이 이런 과목이었을 테지요. 하지만 영화에서처럼 원주율로 음악을 만들어내는 수학의 세계를 경험하고, 숫자를 통해 우주 만물의 법칙을 깨닫는다면 수학에 대한 관점이 달라질 것입니다. '정답'이 아니라 '답을 찾아가는 과정'이 수학을 배우는 목적임을 알면 수학을 대하는 자세가 달라지지 않을까요?

## 공부 목적을 알면 자세부터 달라진다

수학을 포함해서 공부의 목적을 다시 생각해볼 필요가 있습니다. 세상과 사람에 대한 호기심을 바탕으로 질문을 하고, 그것에 대한 답을 찾아가는 과정이 공부입니다. 우리가 초중고를 거쳐 대학에서 공부하는 학문도 모두 인간에 대한 이해, 세상에 대한 이해가 목적입니다. 교과서에 나오는 지식을 외우고, 문제집을 푸는 일은 공부의 단편적인 부분일 뿐입니다. 독서의 목적도 공부의 목적과 다르지 않습니다. 읽는 행위를 통해 지식을 얻고, 그것을 통해 자신을 이해하고 세상을 이해하는 것입니다. 나아가 스스로를 돕고 세상을 돕는 방법을 창조해내는 것이지요. 그러므로 공부와 독서 모두 호기심과 관심에서 출발해야 합니다.

　그러면 공부와 독서가 습관이 되게 하려면 어떻게 해야 할까요?

그 둘의 기본이 무엇인지 알아야겠지요. '읽는 행위를 통해 지식을 얻고 이해한다.' 벌써 이 책에서 여러 번 반복한 문장이지요? 네, 공부와 독서의 기본은 문해력입니다.

## 공부 습관을 기르기 위한 방법

### ① 아이의 문해력 수준을 파악한다

공부 습관을 길러주기 이전에 먼저 아이의 문해력 수준을 잘 파악해야 합니다. 아이 스스로 자신의 수준을 파악하기는 어렵습니다. 아이가 책을 읽을 때 얼마나 이해하면서 읽는지, 읽고 있는 문장에서 이해하지 못하는 어휘는 얼마나 있는지 관찰해보세요. 내용을 비판적으로 받아들이는지도 부모가 파악할 수 있습니다.

### ② 기본기를 훈련하자

시험지의 문제를 읽을 수는 있지만, 무엇을 요구하는 문제인지 이해하지 못하면 문제를 풀 수 없습니다. 책을 읽었으나 중요한 사건과 저자의 의도를 파악하지 못했다면 읽지 않은 것과 마찬가지입니다. 이처럼 읽고 이해하려면 문해력이 필요합니다.

축구 스타 손흥민 선수는 탄탄한 기본기 덕분에 성공했다고 해도 과언이 아닙니다. 어린 시절부터 손흥민 선수를 훈련시킨 아버지는 아들이 공을 자유자재로 다룰 때까지 기본기 훈련만 시켰습니다. 패스나 다른 기술은 기본기가 제대로 갖추어지기 전까지 가르치지 않았습니다.

공부를 잘하기 위해서도 탄탄한 기본기가 필요합니다. 그래야 그 위에 실력을 쌓을 수 있습니다. 그런데 공부를 잘하기 위한 기본기인 문해력은 그저 많이 읽는다고 해서 생기지 않습니다. 올바른 방법을 배우고 착실히 연습해 쌓아가야 합니다.

### ③ 공부 방법을 익힌다

여러분은 게임을 좋아하시나요? 저는 어릴 때부터 게임을 좋아했습니다. 오락실에서 테트리스나 보글보글도 꽤 했고요, 재믹스 게임기로 갤러그 100판을 깨는 우리 집 신기록까지 세웠습니다. 대학생 때는 한동안 스타크래프트도 즐겨 했습니다. 제가 게임을 좋아했기에 게임을 좋아하는 아이들의 마음을 이해합니다.

저희 부부는 아이들에게 주말이나 할 일이 끝나면 게임할 시간을 주기 때문에, 아이들의 게임 실력이 만만치 않습니다. 하지만 처음부터 잘했던 것은 아닙니다. 게임기를 처음 설치한 날, 우리 가족은 무작정 컨트롤러를 들고 게임을 시작했습니다. 조작법과 게임의 규칙도 모르고 시작했으니 우당탕탕 부딪치기만 했습니다. 그러니 재미있을 리가 없었죠. 그제야 우리는 게임 방법을 찾아보았습니다.

아이템을 앞뒤로 던지는 방법, 커브 길에서 속도를 내는 방법, 점프할 때 속도 내는 방법 등 게임을 재밌게 즐길 방법을 알게 되었습니다. 게임 방법을 익히고 다시 게임에 임하자 능력치가 업그레이드

되었습니다. 점차 각자 잘 달리는 길도, 각자에게 맞는 캐릭터와 탈 것의 종류도 알게 되었고, 풍경도 감상하고 샛길도 찾으며 게임의 재미를 좀 더 풍부하게 누리게 되었지요. 이제는 제법 카레이서가 된 듯한 기분을 느끼며 온 가족이 함께 게임을 즐깁니다.

공부도 이와 같습니다. 기본기를 갖추고 방법을 알아야 제대로 된 공부를 할 수 있습니다. 공부가 습관이 되는 건 그다음 문제입니다.

## ④ 재미있어야 습관도 기를 수 있다

혹시 게임을 공부에 비교하는 일이 불편하게 느껴지실지도 모르겠습니다. 만약 그렇다면 아이의 공부에서 가장 중요한 부분을 놓치고 있는 것입니다. 아이가 게임을 좋아하는 이유는 재미에 있습니다. 어른도 재미있는 일은 계속하고 싶지만, 재미없는 일은 억지로 하기 쉽지 않지요. 공부가 미친 듯이 재미있어서 하는 아이는 흔치 않습니다. 그러나 자신의 관심사 혹은 호기심에서 시작한다면, 그리고 교과서나 책이 수월하게 읽히고 이해된다면 공부에 좀 더 흥미를 느낄 수 있지 않을까요? 아이는 하기 쉬운 일을 즐겨 합니다. 애쓰고 노력하지 않아도 잘하는 일에 소질이 있다고 생각합니다.

게임, 유튜브, 넷플릭스 등 이해하려고 애쓰지 않아도 손쉽게 빠져들 수 있는 재밋거리가 너무나 많지요. 그런데 이 재밌는 것들을 뒤로하고 책상 앞에 앉아서 끝나지 않을 듯한 문장들을 읽어내는 일은 얼마나 고역일까요? 게다가 읽긴 읽었는데 이해가 되지 않는 문장

문해력 강한 아이의 비밀

을 마주하고 있다면 어떨까요? 그런 아이에게 공부 습관까지 기르는 일은 너무나 먼 이야기입니다.

문해력이 부족한 아이가 마주한 책과 공부라는 세상은 어쩌면 모든 것들이 크고 두려운 거인국 브로브딩낙에 가게 된 걸리버의 심정과 같을 것입니다. 하지만 문해력이라는 기본기가 탄탄하다면 소인국 릴리푸트에 간 걸리버의 심정으로 조금은 만만하게 공부를 대할 수 있겠지요.

ㅇㅇㅇ

공부 습관을 만드는 것은 게임에서 최종 보스와의 대결 같은 단계입니다. 각각의 미션을 해결하다 보면 마지막에 만나는 최후의 미션 같은 것이지요. 습관을 만들기란 그만큼 어렵습니다. 공부의 목적을 알고 기본기인 문해력을 먼저 갖추어야 합니다. 공부 방법을 가르쳐주고, 재미있게 할 수 있도록 만들어주어야 하지요. 이런 조건들이 갖추어지고 난 뒤 매일 공부하는 일을 반복해야 습관이 되는 것입니다.

사과나무가 잘 자라서 꽃을 피우고 열매를 맺기 위해서는 뿌리가 단단하게 땅에 박혀 있어야 합니다. 문해력은 아이의 공부라는 나무에 단단한 뿌리가 되어줄 것입니다. 그리고 원하는 모습으로 자라서 꽃을 피우고 열매를 맺기까지 흔들림 없이 지지해줄 것입니다.

# 2장

그림책으로 시작하는
우리 집 문해력 공부

# 그림책으로
# 문해력 싹을 티워라

나 꽃으로 태어났어요.

따스한 햇살을 받고 따뜻한 기운을 나누며 살아가요.

알록달록 꽃들과 어우러지면 더욱 아름답게 빛나지요.

난 사람들을 가깝게 이어주고 사랑을 전해주기도 해요.

난 가녀리고 연약하지만 세상을 아름답게 이겨냅니다.

엠마 줄리아니의 《나, 꽃으로 태어났어》는 꽃 한 송이가 세상에 피어나 사람들을 돕고 나누는 아름다운 삶을 살아내는 이야기를 담은 그림책입니다. 꽃의 삶을 담담하게 따라가다 보면 사람이 태어나 죽기까지의 삶이 그려집니다. 이 책을 읽는 사람 역시 나만의 꽃을 피워 삶을 아름답게 살아가고 싶다는 마음이 듭니다.

문해력 강한 아이의 비밀

꽃이 그러하듯 한 권의 그림책도 태어나서 누군가의 손에 놓이고, 마음에 담기면서 아름다운 삶을 살아냅니다. 특히 그림책이 아이와 만나면 아이의 삶에 꽃이 피어나도록 돕는 역할을 하지요.

## 태어나 처음 만나는 인지 그림책

아이가 태어나서 처음 만나는 그림책은 인지 발달을 돕는 그림책입니다. 그래서 한 페이지에 단순하고 알록달록한 그림 하나와 한두 개의 낱말이 전부입니다. 하지만 그 간단한 구성의 책을 통해 아이는 부모 이외의 또 다른 세상을 만납니다. 아이가 자랄수록 차츰 복잡한 그림을 접합니다. 부모의 목소리를 통해 이야기도 듣지요. 아이는 이때 눈으로 보는 그림과 귀로 듣는 언어를 일치시키려고 노력하게 됩니다.

하야시 아키코의 《달님 안녕》은 오랫동안 많은 아이에게 사랑받아온 그림책입니다. 내용은 단순합니다. 밤이 되고 주위가 온통 깜깜해집니다. 그때 지붕 위로 달님이 환하게 떠오르지요. 구름이 달님을 가리지만, 곧 달님이 다시 환하게 얼굴을 드러냅니다.

아이는 깜깜하고 어두운 밤에도 달님은 환하게 떠서 우리를 비춘다는 것을 알게 됩니다. 환한 달님을 보면서 밤이 무서운 시간이 아니라는 것도요. 구름 아저씨가 잠시 가려서 달님이 사라진 것 같지만, 사실 달님은 여전히 그 자리에 있습니다. 사람이나 물건이 눈앞에 있다가 잠시 안 보여도 사라진 것이 아니라는 것도 알게 됩니다.

그래서 구름 아저씨가 "미안 미안, 달님과 잠깐 이야기했지"라며 비켜나면 아이의 표정도 함께 환해집니다. 마치 잠깐 안 보였던 엄마가 다시 눈앞에 나타난 듯한 기분을 느끼는 것입니다.

## 그림책을 읽을 때 아이 뇌에서 벌어지는 일

《어린이 그림책의 세계》를 쓴 마쓰이 다다시는 이렇게 말했습니다. "책은 글과 그림으로 되어 있지만 본질적으로는 '언어의 세계'입니다. 그림책의 그림 역시 언어라고 할 수 있습니다. 어린이는 그림책의 그림을 읽습니다. 왜냐하면 그 그림은 언어를 시각적으로 표현한 것이기 때문입니다."

부모가 그림책을 읽어주는 동안 아이의 뇌에서는 소리 언어와 그림 언어를 일치시키려는 노력이 활발하게 일어납니다. 그림을 해석하려는 노력이 시작되는 것입니다. 그때 부모가 얼굴을 손수건으로 가렸다가 내리면서 까꿍 놀이를 하는 등 간단한 놀이를 해주면 더 좋습니다. 소리 언어와 그림 언어를 통해 전달된 정보가 놀이로 이해되기 때문입니다.

문해력은 이해를 바탕으로 합니다. 이해는 공감을 바탕으로 합니다. 공감은 언어와 이미지가 풍부한 곳에서 자랍니다. 어려서부터 풍부한 언어와 이미지를 경험하는 것은 풍부한 공감을 경험하는 것입니다. 그 경험이 깊은 이해를 만들고 문해력의 기초가 됩니다.

## 언어의 의미를 서서히 알려주는 그림책

아이가 조금 더 자라면 좀 더 길어진 문장과 함께 다양한 배경과 역동적인 행동이 표현된 그림책을 봅니다. 이때 접하는 그림책은 아이의 어휘력을 급격하게 키워줍니다. 아이는 토끼가 뛰면 같이 뛰어보고 거북이가 기면 자신도 엉금엉금 기어봅니다. 그러는 동안 뛴다는 것, 기어 다닌다는 것의 정확한 의미를 깨닫습니다. 이렇게 언어와 행동의 일치를 경험합니다.

마이클 로젠이 쓰고 헬렌 옥슨버리가 그린 《곰 사냥을 떠나자》는 아이들에게 널리 사랑받는 그림책입니다. 다섯 명의 가족이 당당하게 큰곰을 잡으러 떠납니다. 가족은 넘실대는 풀밭을 헤치고, 강물을 건너고, 진흙탕을 지나고 숲과 눈보라를 헤치고 어두컴컴한 동굴에 도착합니다. 하나도 안 무섭던 가족은 곰을 만나자 도망가기 바쁩니다. 이 가족은 급한 와중에도 왔던 길을 차근차근 되돌아가 침대까지 도망칩니다. 이때 앞에 나왔던 문장이 반복됩니다. 이 책은 반복되는 문장과 장소에 대한 다양한 표현, 의성어 의태어 등 아이에게 종합선물 세트와 같습니다. 무엇보다 아이가 정말 재미있어합니다.

저는 아이들에게 이 책을 읽어주고 나서 가족이 다 함께 거실과 방을 뛰어다니며 곰 사냥 놀이를 했습니다. "곰 사냥을 떠나자. 우리는 하나도 안 무서워"를 외치며 곰을 찾으러 갔습니다. 눈에 보이지 않는 풀숲도 헤치고 강도 건너고 진흙탕에도 빠지면서 겨우 동굴에 도착했습니다. 웅크리고 있던 아빠 곰이 몸을 펼치며 큰 소리를 내자 아이들은 왔던 길을 되짚어 달아났습니다. 그리고 침대로 달려가 이불 속에 쏙 숨어 숨죽이고 깔깔대며 즐거움에 어쩔 줄 몰라했습니다.

이 놀이를 할 때의 팁을 한 가지 드리겠습니다. 그림책 속 문장을 아이가 직접 말해보도록 하세요. 듣기만 하는 것과 직접 말로 하는 경험은 언어의 발화에 큰 차이가 있습니다. 아이들은 이 놀이를 하며 곰을 사냥하러 갈 때의 흥분감과 도망갈 때의 두근거림 같은 새로운 감정도 경험합니다.

어린 시절 그림책을 통해 경험한 부모님의 사랑과 즐거운 기억은 세상에 대한 따뜻한 이해심으로 남습니다. 그리고 그림책을 따뜻하고 재미있는 대상으로 여기게 됩니다. 그림책은 듣고, 이해하고, 공감하고, 놀고, 소통하며 언어의 씨를 뿌리는 책입니다.

## 즐거운 놀이가 되는 그림책

대부분의 아이가 그러하듯 저희 아이들도 전집 세트 중 유난히 좋아하는 책 몇 권이 있었습니다. 프랭크 애시의 《생일 축하해 곰아》도 그런 책이었지요. 곰은 생일날 단짝 친구인 비버와 멧돼지, 왜가리로부터 생일 선물을 받습니다. 근사한 선물을 기대했던 곰은 선물 상자에서 나온 막대기, 진흙, 돌멩이를 보고 실망합니다. 하지만 그것들이 얼마나 훌륭한 선물이었는지를 직접 가지고 놀아본 후 깨닫습니다.

막대기는 타다닥 치면 멋진 소리를 냅니다. 진흙은 찰박찰박 밟으며 놀기에 최고의 장난감입니다. 돌멩이는 퐁퐁 소리 내며 물속으로 가라앉습니다. 재미있고 멋진 선물을 가지고 노는 곰을 보자 저희 아이들도 가만히 있지 않았습니다. 길쭉한 막대기를 찾는 아이들에게 나무젓가락이라도 쥐여주니 여기저기 두드리며 즐거워했습니다. 밖으로 나가 돌멩이를 찾아 하수구에도 던지고 진흙을 찾아서 찰박찰박 밟아도 보았습니다. 돌멩이를 던질 곳이 없으면 집으로 가져와 깨끗이 씻어서 아이가 목욕하는 욕조에 넣어주었지요. 한동안 아이들은 돌멩이를 최고의 장난감으로 여기며 놀았습니다. 진흙을 못 찾으면 클레이나 모래 놀이 장난감을 가지고 놀게 했습니다. 놀이가 꼭 책과 같을 필요는 없습니다. 상황과 환경에 맞게 놀이를 재구성하고 변형해도 괜찮습니다.

저는 그림책을 보는 것 자체가 부모와 아이에게 의무가 되지 않아야 한다는 점을 강조하고 싶습니다. 놀이처럼 부모와 아이가 함께 그림책을 가지고 놀 때 문해력의 싹이 자랍니다. 때론 책장을 조용히 덮는 것으로 끝나도 괜찮습니다. 그림책과 비슷하거나 아예 다른 놀이를 해도 상관없습니다. 오히려 그런 활동들이 창의적 발상의 시작이 될 수 있습니다. 그렇게 조금은 대충해야 오래할 수 있습니다.

## 세상과 아이를 이어주는 그림책

명수정 작가의 그림책 《세상 끝까지 펼쳐지는 치마》의 첫 페이지에는 한 여자아이가 등장합니다. 이 아이는 자기 치마가 세상 끝까지 펼쳐지는지 궁금해합니다. 곤충과 동물 친구들의 치마도 세상 끝까지 펼쳐지는지 묻습니다.

꿀벌은 치마 대신 향기를 멀리 퍼뜨립니다. 개구리의 치마는 비를 피하기에 적당하지요. 개미의 치마는 부드럽고 따뜻해서 멋진 꿈을 꾸게 합니다. 치마 대신 노을 속의 종소리와 노랫소리는 세상 끝까지 가 닿기도 합니다. 치마가 세상 끝까지 펼쳐지지 않아도 자신이 가는 곳만큼 펼쳐지고 기분이 좋다면 그걸로 충분하다고 말하지요.

부모는 아이가 잘 자라서 세상 한가운데서 당당하게 능력을 펼치며 살기를 바랍니다. 하지만 각자가 가진 재능과 능력은 다르고 활짝 펼치는 방법도 다릅니다.

"무당벌레야 무당벌레야, 네 치마 세상 끝까지 펼쳐져?"
"아니, 하지만 열매가 자라고 자라면 햇살처럼 환하게 빛날 거야."

누군가는 멋진 꿈을 꾸는 것으로, 누군가는 노랫소리로, 또 누군가는 도전하는 삶 자체로 자신의 치마를 펼칩니다. 모든 아이가 각기 다른 재능과 능력을 펼치며 살아갑니다. 그러려면 먼저 자기를 이해하고 나아가 세상을 이해해야 합니다.

이때 부모가 그림책을 읽어주면, 그림책의 문자와 그림이 아이가 자신을 이해하고 세상을 이해하는 매개체가 되어줍니다.

아이는 그림 언어와 소리 언어를 일치시키며 이해력을 키우기 시작합니다. 그림책을 보고 놀면서 생각하는 힘이 자랍니다. 그림과 이야기를 통해 자신과 세상을 이해합니다. 이런 과정을 겪으며 아이는 문해력의 싹을 틔우는 것이지요. 그림책의 힘을 믿어보세요.

# 아이의 성장을 기다리며
# 읽어주다

아이: 또! 또!

나  : 이제 자야지. 친구들이랑 인사도 다 했잖아.

아이: 한 번 더! 한 번 더!

대부분의 아이들은 자기 싫어서 안간힘을 씁니다. 부모는 어떻게든 아이들을 재워야 합니다. 클레먼트 허드가 그리고 마거릿 와이즈 브라운이 집필한《잘 자요, 달님》의 아기 토끼와 엄마 토끼도 비슷한 상황입니다. 잠들기 전까지 방 안의 모든 물건과 인사를 나누는 아기 토끼처럼 저희 아이들도 방 안의 물건들과 인사를 나누었습니다. 그러고 나서 저는 처음보다 더 천천히 다시 그림책을 읽어주었습니다. 최대한 목소리를 낮게 깔고 말하듯 속삭이듯 읽어주다 보면 제가 먼

문해력 강한 아이의 비밀

저 잠드는 날도 허다했습니다.

　잠자리에서 읽어준 그림책은 아이들에게 더 사랑받았습니다. 편안한 마음으로 꿈나라로 떠나게 해준 고마운 책이니까요. 아이들은 낮에도 그 책을 들고 와서 그림책 속 또 다른 그림 찾기 놀이를 하며 즐거워했습니다.

## 아이에게 책을 언제까지 읽어주는 게 좋을까?

"아이가 빨리 한글을 떼서 혼자서 책 좀 읽으면 좋겠어요."

　아이에게 열심히 책을 읽어주는 부모들도 아이가 읽기 독립을 하는 날만 손꼽아 기다립니다. '한글만 떼면 읽어주기는 끝이다'라는 희망으로 한글 공부도 열심히 시키지요. 그리고 아이가 한글을 떼고 스스로 읽을 수 있게 된 순간부터 부모는 책 읽어주기로부터 독립해 자유를 누립니다. 문제는 부모는 읽어주기로부터 독립했는데 아이는 읽기 독립이 되지 않았다는 점입니다. 한글을 읽을 수 있다고 읽기 독립이 된 것은 아닙니다. 읽은 것을 이해할 수 있어야 읽기 독립이 된 것이지요. 그러니 아이가 읽은 것을 이해할 수 있는 정도의 수준이 될 때까지는 읽어주기를 그만두어서는 안 됩니다.

　그럼 도대체 언제까지 읽어주어야 할까요? 독서 교육 전문가들이나 초등 교사들은 대체로 "초등 고학년까지도 읽어주는 것이 좋다", "초등 시기에는 계속해서 읽어주는 것이 좋다"라고 이야기합니다. 저는 "아이가 원할 때까지 가능한 한 오래 읽어주세요"라고 이야기하고

싶습니다. 물론 한 번에 읽는 시간을 길게 잡지 않는다는 전제하에서
입니다.

책 읽어주기는 부모가 아이에게 해줄 수 있는 최고의 교육입니다.
《하루 15분, 책 읽어주기의 힘》에서 짐 트렐리즈는 "아이들에게 책을
읽어주는 것이 학습지, 과제, 시험, 독후감, 낱말 카드보다 훨씬 더,
그리고 가장 중요한 방법"이라고 합니다. 대부분의 부모는 아이가 한
글을 뗐다고 해서 교육에 손을 놓지 않습니다. 그런데도 가장 단순하
고 가성비 높은 이 방법을 훌륭한 교육 도구라 여기지 않습니다. 트
렐리즈는 같은 책에서 "아이들이 읽지 못하는 것이 아니라 읽지 않는
것이 문제"라고 이야기합니다. 아이가 읽지 않는 것은 읽은 내용을
소화할 능력이 부족한 탓일 가능성이 크기 때문이죠.

## 책을 좋아하지 않는 아이들의 공통점

스스로 책을 읽으려고 하지 않는 아이들의 공통점은 읽는 것을 좋아
하지 않는다는 것입니다. 말장난처럼 들릴 수도 있지만, 좋아하지 않
는 이유에 주목해야 합니다.

첫째, 글자는 읽을 수 있지만 내용을 이해하지 못하기 때문입니
다. 저는 얼마 전 820쪽에 달하는 《21세기 자본》을 읽었습니다. 아
니 읽다가 중도에 포기했습니다. 프랑스 경제학자 토마 피케티Thomas
Pikkety가 쓴 이 책을 아무리 두 눈을 부릅뜨고 집중해봐도 이해되지 않
는 낱말과 문장을 만날 때마다 스르르 눈이 감기더군요. 아이도 마찬

가지입니다. 한 페이지에서 모르는 낱말을 세 개 이상 맞닥뜨리는 순간부터 그 책은 재미없는 책, 이해하기 어려운 책이 되고 맙니다.

둘째, 책에 대한 좋은 기억이 많지 않기 때문입니다. 책에 대한 좋은 기억은 부모의 따뜻한 목소리로 이야기를 들은 경험에서 만들어집니다. 그리고 권유나 강요보다 자발적으로 재미있게 읽은 경험에서 만들어지지요. 이런 경험이 많지 않은 아이는 책보다 자신을 즐겁게 해줄 다른 대상을 찾습니다. 또 학년이 올라갈수록 강제적인 책 읽기, 부담스러운 독후 활동이 반복되면 책을 즐겁게 읽는 아이가 현저히 줄어듭니다.

반면 부모가 지속해서 책을 읽어준 아이는 책에 대한 긍정적인 기억이 많은 덕분에 책 읽기를 즐깁니다. 부모가 책을 자주 읽어줄수록 아이는 더 많은 단어를 듣고 더 많은 단어를 이해합니다. 이는 풍부한 어휘력과 배경 지식이라는 좋은 토양을 만들어주지요. 좋은 토양 위에서 책을 읽으니 이해가 잘되고, 이해가 잘되니 독서를 즐기게 됩니다. 이 구조가 선순환되면 책을 좋아하고 잘 읽게 됩니다. 그리고 자기 수준보다 높은 수준의 책에도 과감히 도전하게 되지요.

## 《삼국지》도 읽게 만든 '한 챕터 읽어주기'

6학년인 첫째 아이는 얼마 전 고정욱 작가가 평역한 10권짜리 《고정욱 삼국지》를 완독했습니다. 저희 아이가 특별히 책을 많이 읽거나 제 나이 이상으로 높은 수준의 책을 잘 읽어내는 편이 아니라는 점을 미리 밝혀둡니다. 《삼국지》는 본인이 읽고 싶다고 한 책이었지만, 막상 책을 주욱 훑어본 아이는 선뜻 책을 집어 들지 못했습니다. 만만해 보이지 않았겠지요.

저는 아이와 이야기에 등장하는 주요 인물의 그림을 함께 보았습니다. 그리고 첫 챕터를 재미있게 읽어주었습니다. 그런 다음 내일 읽어주겠다며 책장을 탁 덮었습니다. 그러자 아이는 다음 날까지 기다릴 수 없다며 그대로 책을 들고 다음 챕터부터 읽어나가기 시작했습니다. 아이는 1권을 재미있게 읽었지만 2권을 바로 읽지는 않더군요. 저는 일주일쯤 지켜만 보다가 2권도 같은 방법으로 첫 챕터만 읽어주었습니다. 그때부터 아이는 삼국지에 완전히 빠져들어서 하루에 한 권씩 10권까지 읽어냈습니다.

아이가 고학년이 되었다고 해서 모든 책에 대해 완전한 읽기 독립이 되지는 않습니다. 특히 새롭게 접하는 주제나, 자기 수준보다 높은 수준의 책에 도전할 때는 어휘나 글밥의 벽을 넘어서야 합니다. 아이가 조금 어렵게 느끼는 책을 읽기 시작할 때 부모의 책 읽어주기가 큰 도움이 됩니다. 아이가 책에 흥미를 보이지 않거나 부담스러워할 때 '한 챕터 읽어주기 방법'을 사용해보세요. 흥미 유발과 동시에 어려운 책에 대한 벽을 무너뜨리는 계기가 될 수 있습니다. 그러나 여전히 흥미 없어 한다면 그 책은 아직 때가 아니거나 아이의 관심사가 아닌 책일 수 있으니 과감히 포기해도 괜찮습니다. 세상은 넓고 좋은 책은 너무나 많으니까요.

문해력 강한 아이의 비밀

## 책 읽어주기에 진심인 동서고금의 부모들

'아이가 스스로 많이 읽으면 되는 것 아닌가? 굳이 초등학생이 된 아이에게 그것도 고학년씩이나 된 아이에게 책을 읽어주어야 하나?'라고 생각할 수 있습니다. 책 읽어주기는 시대와 나라를 초월해 인정받은 효과적인 양육법입니다.

유시민 작가는 저서 《유시민의 글쓰기 특강》에서 부모가 아이에게 책을 읽어주는 것에 대한 중요성을 강조했습니다. "부모가 완전한 문장으로 이루어진 책을 친숙한 목소리로 읽어줄 때 아이의 뇌는 그 음성 정보를 해독하기 위해 편안한 분위기에서 최선을 다하게 된다"라고 했습니다. 또 작가의 경험을 이야기하며 "제힘으로 고개를 돌리지도 못하는 아기를 눕혀놓고 그림 동화를 읽어주었다"라며 책 읽어주기 양육법이 꽤 성공적이었다고 평합니다.

미국 천문학자이자 천문학의 대중화에 크게 이바지한 《코스모스》의 작가 칼 세이건Carl Sagan은 "어른이 자손과 사회에 줄 수 있는 가장 큰 선물은 아이들에게 책을 읽어주는 것이다"라고 했습니다.

조선 후기 문신 김만중의 어머니 윤 씨 부인은 아들이 젖먹이 때부터 소리 내어 책을 읽어주었다고 합니다. 김만중은 훗날 대제학의 자리에 오르고, 어머니를 위로하기 위해 쓴 《구운몽》을 비롯하여 《사씨남정기》, 《서포만필》 등 국문학사에 중요한 작품을 남겼습니다.

《쿠슐라와 그림책 이야기》도로시 버틀러 지음 의 주인공 도로시 쿠슐라는 네 살 때 의사로부터 지적·신체 장애 판정을 받았습니다. 그녀는 선천적인 염색체 손상으로 심한 장애를 앓고 있었습니다. 하지만 쿠슐라의 부모는 아이에게 매일 14권의 책을 읽어주었고, 2년 후 쿠슐라는 평균 이상의 지능을 갖추게 되었습니다.

교육, 독서와 관련해서 빠지지 않고 언급되는 나라는 핀란드입니다. 전 세계 읽기 능력 1위인 이 나라의 대표적인 읽기 교육법은 학교에서도 가정에서도 아이에게 책을 읽어주는 것입니다.

매일 아이에게 책을 읽어주기는 쉽지 않은 일입니다. 하지만 하루에 30분이라면 할 수 있지 않을까요? 하루 15분은 책을 읽어주고, 15분은 아이와 책을 가지고 이야기를 나누는 식으로요. 더군다나 학원, 학습지보다 다른 어떤 교육보다 훌륭한 방법이라면 시도해보고 싶지 않나요? 한글을 떼자마자 읽어주기 독립을 택하기보다 가능한 오랫동안 책을 읽어주며 아이에게 부모의 사랑을 전하세요. 고학년이 되어 점점 어려워지는 교과서로 인해 힘들어하는 자녀에게 책 읽어주기로 도움을 주세요. 책과 부모의 사랑을 동일시하는 아이는 책을 좋아할 수밖에 없습니다. 그리고 "책 속에 길이 있다"라는 그 말이 진리임을 깨달으며 살아갈 것입니다.

문해력 강한 아이의 비밀

# 좋은 그림책은
# 어떻게 골라야 할까?

아이가 신생아 티를 벗기 시작하면 부모는 전집에 대한 고민을 시작합니다. 그 예로 맘카페나 교육 커뮤니티에는 "○○개월 아기, 어떤 전집이 좋아요?"라고 묻는 글이 많습니다. 그래서 블로그나 카페에는 발달 시기별로 집에 들이기 좋은 전집을 추천하는 글들을 쉽게 찾아볼 수 있습니다. 아이에게 열심히 책을 읽어주고, 아이 스스로 책을 읽게 하는 부모도 많습니다. 이런 부모는 그림책이나 독서 관련 교육서를 찾아보고 공부해서 전문가 수준으로 아이의 독서를 도와주고, 다른 부모에게 독서와 관련한 조언을 하기도 합니다. 저 또한 종종 그런 분들로부터 자극을 받습니다.

한편으로는 남의 집 아이가 잘 본다는 전집을 우리 집에도 들여야겠다는 댓글들이 심심찮게 보입니다. 유명하다는 전집에 대한 정보가 없었던 부모는 스스로 게으르고 부족하다며 자책하기도 합니다. 물론 카페나 블로그, 교육 커뮤니티 등을 통해 정보를 얻는 것이 때로는 도움됩니다. 단, 내 아이가 그 집 아이와 자라온 환경과 독서 이력, 관심사가 같은 경우에 한해서입니다.

더군다나 전집은 구입해놓고 후회하는 경우도 많습니다. 큰돈을 들여 샀는데 막상 아이가 잘 읽지 않으면 권수도 많고 공간도 많이 차지하니 집에서 천덕꾸러기가 되고 맙니다. 이것은 책을 고르는 나름의 기준이 없는 탓에 벌어지는 일입니다.

## 내 아이에게 맞는 전집을 찾아라!

첫째 아이가 돌이 지난 후 저는 집에 전집 한 세트를 들였습니다. 언어, 일상·사회, 수·인지, 신체·감각, 자연 관찰 이렇게 다섯 개 영역의 다양한 그림책으로 구성되어 있었습니다. 아이는 이 전집에 포함된 책을 대부분 좋아했는데, 그중에서도 유난히 좋아했던 영역이 수·인지였습니다. 함께 구성된 숫자 카드는 밥 먹을 때도 항상 들고 있을 만큼 좋아했습니다. 그러면 아이에게 어떤 책을 더 많이 보여주었을까요? 숫자와 관련된 그림책, 수 놀이를 할 수 있는 그림책이었습니다.

좋은 그림책을 고르는 기준은 무엇일까요? 첫째도 둘째도 내 아이입니다.

내 아이가 관심이 없으면 베스트셀러도, 칼데콧 수상작도, 뉴베리

수상작도, 옆집 아이가 닳도록 봤다는 책도 소용없습니다. 돌쟁이 아기라면 다 좋아한다는 에릭 칼 작가의 《배고픈 애벌레》나 '돌잡이 시리즈'마저 말입니다. 물론 유아기 아이의 취향은 크게 다르진 않아서, 저 집에서 인기 있는 책이면 웬만해선 우리 집에서도 반응이 좋을 확률이 높습니다. 또 아이는 부모가 읽어주는 그림책은 대부분 재미있어하며 보고 듣습니다. 그런데 내 아이가 유난히 더 좋아하고, 열광하고, 닳도록 꺼내오고 들여다보는 그림책이 있습니다. 그 그림책에서 힌트를 얻는 겁니다. 아이가 좋아하는 그림의 색감이나 느낌, 이야기 소재나 주제의 공통점을 찾는 것이지요.

## 아이에게 좋은 책, 부모에게 좋은 책

책장에 꽂힌 많은 책 중에서 아이가 자주 꺼내 보는 책의 유형은 정해져 있습니다. 저희 첫째 아이는 과학 분야 중에서도 우주와 관련된 책은 반드시 꺼내 봅니다. 둘째 아이는 코믹한 이야기책 위주로 꺼내 봅니다. 이전에 읽은 책이 재미있었다면 다음에도 비슷한 종류의 책을 고를 확률이 높습니다. 같은 주제를 다른 방법으로 다룬 책이거나, 같은 작가의 다른 책을 좋아할 가능성도 크지요.

그런데 아이의 선택을 전적으로 존중하고 싶어도 부모 마음에 아쉬움이 남는 건 어쩔 수 없습니다. 아이가 다양한 책을 골고루 읽었으면 하는 겁니다. 자기 수준보다 한 단계 높거나 좀 더 깊이 있는 책을 봤으면 하는 마음도 듭니다. 이럴 때는 부모의 지혜가 필요합니다.

그림책으로 시작하는 우리 집 문해력 공부

## 아이가 부담스럽지 않게 책 권하는 비결

아이가 부모가 권하는 책을 거부감 없이 받아들이게 하는 방법이 있을까요? 《어린이책 읽는 법》에서 김소영 작가는 어린이에게 책을 권할 때 3:2:1 비율을 염두에 둔다고 합니다. '제일 좋아하는 책 3, 더 읽을 책 2, 새로운 책 1'의 비율로 권하는 것입니다. '제일 좋아하는 책'을 꾸준히 읽는 아이는 평생 독자로 자랍니다. 그러니 "이제 그런 책 좀 그만 읽어"라는 말이 목구멍까지 올라와도 꾹 참고 더 읽을 수 있도록 허락해야 합니다. 원하는 만큼 충분히 읽다 보면 그 분야의 책은 자연스럽게 수준을 높여가며 읽기 마련입니다.

이 시기에 부모는 더 읽을 책과 새로운 책을 권할 수 있습니다. '더 읽을 책'은 아이의 관심사지만 익숙하지 않은 장르의 책입니다. 현재의 읽기 능력 수준과 비슷하거나 조금 쉬운 책이어야 합니다.

'새로운 책'을 정할 때도 아이의 관심사를 반영합니다. 아이가 제일 좋아해서 많이 읽는 책과 관심사에 따라 더 읽을 책이 무엇인지 파악했다면, 새로운 책은 완전히 다른 장르의 책을 권하는 겁니다. 예술서, 동시집, 깊이 있는 그림책 등이 이에 해당합니다. 이런 책은 아이에게도 부모에게도 낯설어서 푹 빠지기 어려울 수 있습니다. 의외로 흥미를 보일지도 모르지만, 전혀 관심이 없을 수도 있고, 대충 훑어보고 덮어버릴 수도 있습니다. 하지만 다양한 책의 세계를 경험하게 한다는 목적으로 접근하면 좋습니다.

더 읽을 책과 새로운 책을 찾는 방법은 다양합니다. 도서관 홈페

문해력 강한 아이의 비밀

이지에서 관심 주제어를 입력하면 수많은 책이 검색됩니다. 아이와 함께 그 책들을 찾아보고 그중에서 아이가 고른 책과 부모가 고른 책을 2:1 비율로 대여하세요. 온라인 서점의 책 추천 서비스를 활용해도 좋습니다. 먼저 카테고리에서 '유아'나 '어린이'를 선택해서 들어갑니다. 연령별, 학년별, 유아 그림책, 어린이 문학, 주제별 책 읽기 등의 다양한 카테고리가 있습니다. 이전에 읽은 책을 검색해보고 '이 책을 선택한 사람들이 고른 또 다른 책'도 살펴보세요.

## 아이에게 좋은 책은 아이를 잘 아는 부모가 안다

많은 책이 있으면 오히려 선택이 어려울 수 있습니다. 다른 사람이 선택했다고 해서 내 아이에게도 환영받는다는 보장도 없습니다. 처음에는 실패가 당연하다 생각하고 여러 번 시도해야 합니다. 온라인 서점에서 다양한 분야의 책도 접하고, 아이 손을 잡고 도서관과 서점에 가서 함께 책을 골라보세요.

오랜 시간 낚시를 취미로 해온 낚시꾼들은 물고기가 미끼를 물기만 해도 대충 어떤 놈인지 감이 온다고 합니다. 오랜 경험으로 쌓인 촉으로 아는 것이지요. 좋은 책을 고르는 일도 시간과 경험이 축적되어야 합니다. 아이의 반응을 살피며 꾸준히 시도하다 보면 낚시꾼처럼 부모에게도 촉이 생깁니다. 아이 역시 스스로 책을 선택하는 경험을 반복하며 나름의 취향과 기준을 갖습니다. 좋은 책을 알아보는 안목이 생깁니다.

글과 그림이 아름다운 그림책, 색감이 선명하고 다양한 색을 쓴 책, 너무 교훈적이지 않은 책 등 좋은 그림책에 대한 조건이 많습니다. 그런데 요즘은 그림책 전성시대가 된 것 같습니다. 글과 그림이 아름답고 훌륭한 책, 어른이 읽어도 감동적인 그림책이 정말 많습니다. 이런 시대에 살면서 굳이 좋은 책 그렇지 않은 책 나눌 필요는 없지 않을까요?

"아이한테 맞는 방법은 스스로 찾는 거지, 조언을 듣는다고 해결되진 않거든요."

드라마 〈그린 마더스 클럽〉의 한 대사입니다. 드라마 속 인물이 좋은 정보를 다른 엄마에게 알려주고 싶지 않아서 에둘러 한 말이었지만, 이 말은 진리입니다. 내 아이에게 좋은 책은 내 아이를 가장 잘 아는 부모가 찾는 겁니다. 아이가 자라온 과정, 관심사와 집중할 수 있는 시간, 좋아하는 놀이, 동기 유발이 되는 지점 등을 생각해보세요. 무엇보다 아이의 선택을 존중해주고, 아이가 흥미로워할 만한 책을 권하세요. 부모가 권하는 책을 반드시 읽혀야 한다는 의무감만 버리세요. 그러면 아이는 눈앞에 놓인 수많은 책 중에서 스스로 좋은 책을 고르는 힘을 키워나갈 것입니다.

# 그림책 장르별 읽기 전략

## 창작, 전래·명작, 지식 그림책

그림책의 장르를 구별하는 방법은 여러 가지가 있는데, 저는 창작 그림책, 전래·명작 그림책, 지식 그림책으로 나누어서 설명하겠습니다.

창작 그림책은 말 그대로 지어낸 이야기, 허구의 이야기입니다. 사실주의 그림책과 판타지 그림책이 창작 그림책에 해당합니다. 전래·명작 그림책도 지어낸 이야기이긴 하나 창작 그림책과는 결이 조금 다릅니다. 그 외에 정보와 지식을 바탕으로 만들어진 책을 지식 그림책이라고 합니다. 지식 그림책은 재미있는 이야기를 매개체로 지식을 전달합니다. 수학, 과학, 사회, 문화, 역사, 인물, 미술, 음악 등 다양한 분야가 있습니다.

각 장르별 그림책 읽기 방법의 핵심은 다음과 같습니다.

- 창작 그림책

　　사실주의 그림책: 등장인물의 문제 해결 과정을 통해 자신만의 문
　　　　　　　　　제 해결 방법 찾기

　　판타지 그림책: 상상의 세계에 푹 빠져서 읽기

- 전래·명작 그림책: 저자의 의도를 파악하며 읽기

- 지식 그림책: 지식의 개념을 이해하며 읽기

## 1. 창작 그림책

창작 그림책은 다양하게 많이 접할수록 좋습니다. 상상력과 창의성
을 자극하기 때문이지요. 요즘은 판타지와 사실주의의 경계를 자연
스럽게 넘나드는 그림책이 많지만, 편의를 위해 두 분야로 나누겠습
니다.

### ① 사실주의 그림책

사실주의 그림책은 보통 이야기 속 주인공과 독자의 나이가 비슷합
니다. 주인공은 그 나이 또래에 겪게 되는 다양한 일상을 경험하고
문제를 해결합니다. 따라서 사실주의 그림책은 본격적으로 주변 세
계에 대한 호기심이 생기기 시작하고, 생활 습관을 들이기 시작하는
3세 이상의 아이에게 읽어주기 좋습니다. 사실주의 그림책의 주제는
성장, 가족 관계, 친구 관계, 이웃 관계 등입니다. 자신이 누구며, 무
엇을 좋아하고 싫어하는지, 무엇을 해야 하고 하지 말아야 하는지 알

수 있는 내용입니다.

사실주의 그림책을 읽을 때는 주인공이 문제를 해결해나가는 모습을 먼저 잘 관찰하도록 합니다. 그런 뒤 아이가 해결할 문제에 대한 답을 찾도록 도와주면 좋습니다.

| 제목 | 《난 토마토 절대 안 먹어》(로렌 차일드 지음) |
|---|---|
| 내용 | 오빠인 찰리가 동생 롤라의 편식하는 습관을 재미있는 방법으로 바꿔주는 이야기 |
| 읽기 방법 | – 등장인물과 아이의 공통점과 차이점 찾으면서 읽기<br>– 싫어하는 음식을 먹는 새로운 방법 생각해보기 |
| 질문 예시 | "롤라는 싫어하는 음식이 많구나. ○○는 어떤 음식이 싫어?" |
| 책 놀이 | – 아이가 싫어하는 음식에 새로운 이름 붙여주기<br>– 싫어하는 음식을 롤라처럼 먹어보기 |

② 판타지 그림책

판타지 그림책에는 특별한 능력을 지닌 인물이 자주 등장합니다. 사람처럼 말하고 행동하는 동물이나 사물이 등장하기도 합니다. 현실과는 다른 새로운 세계를 배경으로 이야기가 펼쳐지기도 하지요. 평범해 보이는 주인공이 영웅적인 행동을 하기도 하고, 때로는 마법 같은 능력을 발휘합니다. 등장인물이 모험하고 문제를 해결하는 모습은 새로운 시각으로 현실을 바라볼 기회를 제공합니다. 아이는 판타지를 통해 대리 만족을 얻기도 하고, 현실에서는 불가능한 일을 상상의 세계에서 맘껏 해볼 기회도 얻습니다. 그러므로 호기심과 상상력이 풍부해지기 시작하는 5세 전후로 판타지 그림책을 읽게 해서 상상력을 자극해주는 것이 좋습니다. 아이는 그림책 속 인물처럼 자기만의 고유한 문제 해결력을 갖출 것입니다.

판타지 그림책을 읽을 때는 아이가 상상의 세계에 푹 빠질 수 있도록 도와주세요. 책을 읽어주는 부모 역시 아이와 함께 상상의 바다로 뛰어드세요. 아이보다 더 신기해하고 더 깔깔대며 즐겨보세요.

| 제목 | 《꽁꽁꽁》(윤정주 지음) |
|---|---|
| 내용 | 냉장고 속 친구들이 아이스크림을 지키기 위해 살아 움직이며 일어나는 이야기 |
| 읽기 방법 | – 우리 집 냉장고 속 물건들도 살아 움직인다고 상상하며 읽기 |
| 질문 예시 | "우리 냉장고 속에 있는 음식 중에서 어떤 것들이 살아 움직일 것 같아? 그 친구들이 모이고 섞이면 어떤 음식이 될까?" |
| 책 놀이 | – 과자와 아이스크림, 과일을 이용해 아이스크림 케이크 만들기 |

## 2. 전래·명작 그림책

전래·명작 그림책은 6세 전후로 읽어주는 것이 좋습니다. 그때 아이는 자신만의 세계에서 벗어나 타인과 바깥세상에 관심을 보이기 시작하고, 도덕성과 가치관의 기반이 만들어지기 때문입니다. 옛이야기는 대부분 권선징악의 교훈적인 주제를 가지고 있습니다. 아이는 전래·명작 그림책을 통해 선을 추구하는 것이 옳다는 점을 배울 수 있습니다.

문해력 강한 아이의 비밀

전래·명작 그림책은 다른 어떤 장르보다 부모와 함께 읽기를 권합니다. 무엇보다 저자 의도를 발견하는 것이 중요하기 때문입니다.

| | |
|---|---|
| 제목 | 《혹부리 영감 – 그레이트북스 이야기 꽃할망 시리즈》(강은경 글, 심미아 그림) |
| 내용 | 산에 나무를 하러 간 착한 혹부리 영감이 오두막에서 도깨비를 만나 혹을 떼고 보물 자루를 얻어 와 부자가 된다. 이 소식을 들은 심술쟁이 혹부리 영감도 똑같이 따라 했다가 화가 난 도깨비들이 혹을 하나 더 붙여주었다는 이야기 |
| 읽기 방법 | – 등장인물의 행동을 판단하며 읽기<br>– 내가 만약 등장인물이었다면 어떻게 행동할지 생각하며 읽기 |
| 질문 예시 | "혹부리 영감이 도깨비들에게 혹을 노래 주머니라고 거짓말한 것에 대해 어떻게 생각해?"<br>"네가 만약 혹부리 영감처럼 도깨비를 만나면 어떻게 할 것 같아?"<br>"너라면 심술쟁이 혹부리 영감에게 혹을 뗀 이야기를 해줄 것 같아?"<br>"심술쟁이 혹부리 영감이 혹 하나를 더 얻은 것에 대해 어떻게 생각해?" |
| 책 놀이 | – 도깨비방망이 만들어 놀기<br>– 이야기와 관련된 속담이나 사자성어 알아보기 |

## 3. 지식 그림책

지식 그림책은 재미있는 이야기에 지식과 정보를 곁들여 알려줍니다. 아이에게 지식 그림책은 과학, 수학, 사회, 역사, 예술 등 평생 공부의 첫인상을 결정지을 중요한 장르입니다. 그림책을 공부와 연결 짓는 것은 올바르지 않지만, 공부의 첫인상이 되어줄 수는 있습니다. 지식 그림책을 보기 시작하는 때는 호기심과 질문이 많아지기 시작하는 5세 전후입니다. 자신과 세상에서 일어나는 일이 궁금하고, 또 왜 그런 일이 일어나는지 알고 싶어 하는 시기거든요. 지식 그림책의 목적은 지식의 개념을 발견하고 이해하는 것이고 이야기는 이해를 돕는 도구일 뿐입니다. 그러므로 주제에 맞는 개념을 잘 드러내는 그림과 이야기와 지식의 융합이 자연스러운 그림책을 선택해야 합니다.

| 제목 | 《여울이의 미술관 나들이》(백미숙 글, 이준선 그림) |
|---|---|
| 내용 | 엄마와 함께 미술관에 간 여울이가 그림으로 들어가 겪는 모험 이야기 |
| 읽기 방법 | - 여울이가 들어간 그림이 우리 옛 그림이라는 것을 알려주고 그림을 자세히 볼 수 있도록 시간을 충분히 주기<br>- 그림을 보면서 자유롭게 이야기 나누기 |
| 질문 예시 | "그림 속에 뭐가 있는지 찾아볼까?"<br>"비슷한 그림을 본 적이 있니?"<br>"다른 나라 그림이나 요즘 그림과 비교하면 어떤 점이 다른 것 같아?" |
| 책 놀이 | - 그림 따라 그려보기<br>- 미술관이나 박물관에 방문해서 우리 문화재나 옛 그림 관람하기 |

○○○

이렇듯 그림책은 각 장르의 특징과 읽기 방법이 조금씩 다르지만, 부모와 아이의 의사소통이 중요하다는 점은 같습니다. 부모와 아이가 묻고 답하는 과정을 통해 아이는 장르별로 다양한 그림책 읽기 방법을 터득할 것입니다. 그렇게 천천히 쌓은 읽기 방법은 아이가 스스로 책을 읽기 시작할 때 제대로 읽고 이해할 줄 아는 중요한 능력이 됩니다.

# 그림책 독후 활동 1

## 말하기, 쓰기

그림책은 아이를 책의 세계로 인도하는 문과 같습니다. 그림책을 읽는 것은 그 자체로 이야기 세계를 경험하는 행복한 일입니다. 여기에 독후 활동을 곁들이면 그림책 읽기가 좀 더 재미있어집니다. 적절한 독후 활동은 그림책의 재미와 감동을 키워줍니다. 책을 읽은 후 자기만의 느낌이나 생각을 표현하는 활동은 그림책을 한층 풍성하게 이해하도록 도와줍니다. 하지만 무리한 독후 활동은 독서의 재미를 뺏어가고 부담스럽고 괴로운 일로 남을 수 있습니다. 그러니 절대로 무리하게 진행하지 않아야 합니다.

그림책을 읽은 뒤에 할 수 있는 활동은 책에 따라 무궁무진하게 많습니다. 가장 좋은 것은 책 내용을 활용하는 것입니다. 무엇보다 쉽고 간단한 것, 아이가 자신 있게 할 수 있는 활동부터 시작하는 것이 좋습니다. 또한 집에서 손쉽게 준비할 수 있고, 과정이 너무 복잡하지 않은 선에서 진행하세요.

## 한글을 모를 때는 '말하기 활동'

말하기는 아직 한글을 모르는 아이와 하기 좋은 독후 활동입니다. 글쓰기를 어려워하는 초등 아이도 말하기로 먼저 시작하면 자연스럽게 글쓰기로 옮겨갈 수 있습니다. 사람은 누구나 자기 생각을 표현하고 싶어 합니다. 글을 쓰라고 하면 막막하지만, 말로 하라고 하면 보다 쉽고 간단하게 표현할 수 있습니다. 하지만 자기 생각과 느낌을 조리 있게 말하려면 연습이 필요합니다. 아이의 말하기에 물꼬를 터줄 수 있는 것은 적절한 질문입니다. 부모가 질문하고 아이는 대답만 하는 것이 아니라, 탁구공을 주고받듯 대화 형식의 말하기로 진행하는 것이 좋습니다.

### ① 뒷이야기 상상하기

어린이 책의 대부분은 해피엔딩으로 끝납니다. 그런데 그 후로 주인공이나 등장인물이 어떻게 되었을지 궁금해지는 이야기가 있습니다. 이런 경우 뒷이야기를 상상해서 이야기를 만들면 좋습니다. 가능하면 등장인물이 보여준 성격, 말과 행동을 근거로 아이가 이야기를 만들도록 도와주세요. 어른과 아이가 한 문장씩 번갈아 이야기를 만드는 활동도 좋습니다. 이야기가 가끔 산으로 가도 괜찮습니다. 아이는 오히려 엉뚱하고 예상치 못했던 결말을 더 좋아합니다.

## ② 퀴즈 놀이

퀴즈 놀이는 그림책의 장르와 관계없이 다양하게 활용할 수 있습니다. 그림책을 읽어준 후 책 내용 중에서 아이가 기억했으면 하는 내용을 퀴즈로 냅니다. 책을 읽고 나면 퀴즈를 낼 거라고 미리 알려주세요. 그러면 아이는 그림책을 더 집중해서 보게 됩니다.

아이는 특히 그림에 대한 퀴즈를 반깁니다. "이 책에서 생쥐는 몇 번 등장했을까?" "'잘 자요. 빗, 잘 자요. 솔'이라고 한 장면에서 생쥐는 어디에 있었을까?" 이런 식으로 퀴즈를 내면 아이는 그림을 더 자세히 봅니다. 또는 부모가 책 내용이나 그림에 대해 말하고, 사실인지 아닌지 오엑스ox 퀴즈를 내는 방법도 있습니다. 퀴즈를 낼 때 책 내용과 조금 다르게 이야기해서 아이가 "엑스"라고 소리치게 되면 더 좋아할 겁니다. 단, 너무 자세하게 물어보지는 마세요. 퀴즈 놀이를 할 때는 아이와 역할을 바꾸어서도 진행해보세요. 아이는 마치 어른이 된 것처럼 신나게 질문할 겁니다.

## ③ 기자 놀이

부모가 기자가 되고 아이는 등장인물 중 한 명이 되어 인터뷰하는 활동입니다. 빗이나 밥주걱, 숟가락 등 마이크처럼 사용할 수 있는 물건을 들고 재미있게 진행해보세요. 먼저 어른이 어느 방송국의 기자라고 소개합니다. 아이를 등장인물이라고 가정하고 인터뷰를 하겠다고 이야기하세요. 그리고 아이에게 책에는 자세히 나오지 않은 인물의 속마음, 특정 상황에서 인물이 왜 그런 말과 행동을 했는지 등에 대해 질문하세요. 기자 놀이는 아이가 등장 인물에게 깊이 공감하고, 감정 이입할 수 있는 놀이입니다. 아이가 기자가 되고, 어른이 인터뷰하는 것으로 역할을 바꾸어도 좋습니다.

### ④ 끝말잇기

이야기에 나오는 단어를 중심으로 끝말잇기를 해보세요. 끝말잇기는 시간과 장소에 구애받지 않습니다. 차를 타고 이동할 때, 병원에서 진료 순서를 기다릴 때도 부담 없이 할 수 있습니다. 규칙은 책에서 본 낱말을 말하는 것입니다. 규칙을 지키기 위해 아이는 평소 책을 읽을 때 낱말을 더 유심히 보고 기억하려고 노력할 것입니다.

### ⑤ 이야기 기차놀이

책의 줄거리를 정리할 때 좋은 방법입니다. 어른과 아이가 번갈아 핵심 줄거리를 순서대로 이야기합니다. 먼저 기차를 몇 칸으로 할지 미리 정하세요. 한 칸이 문장 하나입니다. 처음에는 12칸 정도로 길게 했다가 10칸, 8칸, 4칸으로 점점 줄여나가세요. 결국은 가장 핵심적인 이야기만 남습니다. 이야기 기차놀이를 할 때는 어른이 먼저 시작하세요. "아기 토끼가 잠을 자려고 침대에 누웠어요"처럼 줄거리를

문해력 강한 아이의 비밀

요약해서 말하는 방법을 예로 들려주세요. 이야기 기차놀이는 초등 아이가 독서록을 쓸 때도 도움됩니다.

## 한글을 쓸 줄 안다면 '쓰기 활동'

쓰기는 한글을 능숙하게 쓸 수 있는 시기부터 시도할 수 있는 활동입니다. 아직 아이가 능숙하게 쓰지 못한다면 아이가 말하고 어른이 받아 써주는 것도 좋습니다. 쓰기는 책을 읽고 난 후에 할 수 있는 가장 고차원의 독후 활동인 만큼 처음부터 쉽게 되지는 않습니다. 짧은 문장 쓰기부터 조금씩 양을 늘려가도록 느긋한 마음으로 시작하세요.

### ① 의성어나 의태어 넣어 문장 만들기

소리를 흉내내는 말을 의성어, 모양을 흉내내는 말을 의태어라고 합니다. 유아를 위한 그림책에는 다양한 의성어, 의태어가 등장합니다. 아이와 책에 나온 의성어, 의태어로 새로운 문장을 만드는 활동을 해보세요. 이렇게 직접 문장을 만들면 그 낱말의 정확한 뜻과 활용법을 알게 됩니다.

전래 그림책 《호박씨를 먹이면》김해원 글, 김창희 그림을 예로 들어볼까요? "꾸벅꾸벅 졸면서 호박씨를 잘도 받아먹네"라는 문장이 있습니다. 여기서 '꾸벅꾸벅'을 활용해서 문장 만들기를 합니다. 부모가 먼저 시범을 보여줍니다. "○○는 아기 때 꾸벅꾸벅 졸면서도 밥을 잘 받아먹었지"라며 아이의 이름을 넣어서 문장을 만듭니다. 아이는 자기 이름을 넣어서 이야기를 들려주면 더 좋아합니다. 그리고 아이도 문장을 만들게 하세요. 아이가 어떤 문장을 만들었든 폭풍 칭찬해주는 것을 잊으면 안 됩니다.

## ② 편지 쓰기

편지 쓰기 놀이를 할 때는 예쁜 편지지나 엽서를 준비하면 더 좋습니다. 책을 읽고 난 소감, 칭찬하고 싶은 말, 아쉬웠던 점, 조언이나 위로 등 아이가 등장인물에게 하고 싶은 말을 씁니다. 편지 쓰는 대상이 꼭 주인공이 아니어도 괜찮습니다. 아이가 글을 쓰기 어려워하면 그림을 그리게 하세요. 그리고 아이의 말을 부모가 대신 짧게 써주어도 좋습니다. 편지 쓰기는 초등 아이가 독서 감상문을 쓸 때도 활용할 수 있습니다.

## ③ 기억에 남는 문장 따라 쓰기

따라 쓰기, 즉 필사는 가장 적극적인 독서 방법입니다. 많은 작가가 글쓰기 실력을 키울 수 있었던 방법의 하나로 필사를 꼽습니다. 그 외에도 필사의 장점은 아주 많아서 저는 적극적으로 권하고 싶습니다. 하지만 너무 긴 문장을 따라 쓰게 하면 자칫 아이가 독서를 부담스러워할 수 있습니다. 그러므로 가장 재미있었던 문장이나, 감동적인 문장, 가장 중요하다고 생각하는 문장 하나만 골라서 따라 쓰는 것이 좋습니다. 이왕이면 아름다운 표현이 있거나, 의성어 의태어가

문해력 강한 아이의 비밀

사용된 문장, 주제가 잘 드러나는 문장 등을 고르도록 도와주세요.

## ④ 제목 바꾸기

그림책을 읽고 난 후 주인공, 줄거리, 여러 가지 상황에 대한 느낌이나 생각을 이야기 나누세요. 그리고 가장 중요한 단어로 새로운 제목을 짓는 겁니다.

예를 들어보겠습니다. 아이가 좋아하는 백희나 작가의 《알사탕》을 읽었습니다. 아이와 함께 등장인물과 이야기에 등장하는 알사탕에 관해 대화를 나눕니다. 아이가 마음의 소리를 들리게 하는 알사탕의 마법 같은 능력이 인상적이라고 했다고 가정해볼게요. 그러면 '마법의 알사탕'이나 '동동이의 마법 사탕' 등으로 제목을 바꿔봅니다. 바꾼 제목은 포스트잇이나 작게 자른 종이에 써서 그림책 표지에 붙입니다. 그렇게 '나만의 제목'을 붙인 책은 두고두고 아이에게 특별한 책이 됩니다.

## ⑤ 책 내용으로 동시나 노랫말 쓰기

기억하고 싶은 책의 내용을 동요나 동시로 만드는 활동입니다. 동요의 노랫말 일부를 책 내용으로 바꾸거나, 동시의 일부를 책 내용으로 바꾸어 씁니다. 알고 있던 동요에 노랫말을 바꾸어 쓰는 것은 아이에게 색다른 즐거움을 주는 동시에 창의성까지 높여줍니다. 중고등학교 때 〈학교 종이 땡땡땡〉이나 〈산토끼〉 노래로 원소주기율표 등을 외우던 것 기억나시나요? 그런 활동과 비슷합니다. 동시가 만들어지고, 노랫말이 만들어지면서 결과적으로 아이만의 창작물이 탄생합니다.

∘∘∘

의사소통은 '듣기와 읽기'라는 입력 과정을 거쳐 '말하기와 쓰기'라는 출력 과정을 통해 이루어집니다. 그런데 가장 기본적인 이 네 가지 능력은 저절로 만들어지지 않습니다. 언어 영역의 교과 과정은 말하기, 듣기, 읽기, 쓰기입니다. 즉, 네 가지 영역은 타고난 능력이 아니라 배움의 과정을 거쳐야 잘할 수 있습니다. 부모가 읽어주는 그림책을 듣거나 함께 읽고, 말하기와 쓰기 독후 활동을 하는 것은 의사소통의 가장 기본적인 능력을 키우는 일입니다. 그림책 독후 활동으로 말하기, 쓰기를 연습하는 것은 잘 말하고 잘 쓰기로 가는 사다리가 되어줄 것입니다.

# 그림책 독후 활동 2

## 만들기, 그리기

## 성취감을 갖게 하는 '만들기 활동'

만들기를 하면 평면 위에 그리는 활동보다 입체적인 완성품이 만들어집니다. 이런 경험은 아이에게 성취감을 줍니다. 다음에 제시한 재료 외에도 택배 상자나, 골판지, 요구르트 병 등 다양한 재활용품을 활용해서 만들기를 해보세요. 오래 보관하기 어려운 완성작은 사진을 찍어서 보관하는 것도 추천드립니다. 단, 완성도 높은 작품을 만들려고 너무 애쓰지 마세요. 만들기 과정에서 아이와 책에 대해 이야기를 나누고, 즐거운 시간을 보내는 데 초점을 맞추세요.

### ① 책갈피 만들기

먼저 책갈피 크기의 종이를 준비하세요. 크기와 모양은 아이와 상의

해서 정합니다. 그다음 그림책의 주인공이나 등장인물, 혹은 아이의 마음에 드는 장면을 그립니다. 기억에 남는 문장이나 느낌을 쓰는 것도 좋습니다. 예쁘게 꾸민 책갈피를 손 코팅지로 코팅해보세요. 실제 책갈피로 활용할 수 있고 오래 간직할 수도 있습니다.

## ② 찰흙, 점토, 클레이 놀이

그림책의 등장인물이나 그림 속에 등장한 물건, 동물, 음식 등을 만드는 활동입니다. 만들기 놀이의 핵심은 아이와 함께 놀이하듯 진행하는 것입니다. 《손 큰 할머니의 만두 만들기》채인선 글, 이억배 그림처럼 음식이 나오는 그림책을 읽습니다. 그런 다음 클레이로 다양한 색깔과 모양의 음식을 만듭니다. 동물이 주인공인 그림책을 읽고 나서 이야기에 등장하는 동물을 만들어 역할극을 해도 좋습니다. 평소에 클레이나 찰흙, 폼클레이 등의 재료를 다양하게 갖추면 독후 활동을 할 때 유용합니다.

## ③ 블록으로 표현하기

블록으로 등장인물을 표현하거나, 이야기의 배경이 되는 장소를 만들어보세요. 레고, 몰펀, 자석 블록, 가베 등 다양한 블록을 활용하면 더 좋습니다.

문해력 강한 아이의 비밀

### ④ 종이접기

등장인물이나 소품 등을 색종이로 접는 활동입니다. 동물부터 과일, 눈사람, 소품, 옷, 아이가 좋아하는 캐릭터까지 종이접기의 세계는 무궁무진합니다. 종이접기는 아이의 소근육 발달에도 도움되는 활동입니다. 독후 활동으로 종이접기를 할 때는 유튜브에서 가장 간단한 방법을 알려주는 영상을 참고하세요. 또는 종이접기 책을 마련해두었다가 필요할 때마다 참고하는 것도 추천합니다.

### ⑤ 과자로 표현하기

아이가 정말 좋아하는 독후 활동 중 하나입니다. 독후 활동 후에 먹는 재미가 있어서입니다. 넓적한 모양 길쭉한 모양 등 다양한 모양의 과자로 집을 만듭니다. 바닷속 동물 모양의 과자를 이용해 바닷속 세계를 표현하거나, 팝콘이나 과일 모양 젤리를 이용해 나무에 달린 꽃과 과일을 표현할 수도 있습니다.

저희 아이들은 유다정 작가의 《우웩》이라는 그림책을 정말 좋아했습니다. 등장인물이 지렁이를 먹는 듯한 장면에서 영감을 받아, 꿈틀이 젤리로 지렁이 먹는 놀이를 할 수 있었거든요. 먼저 한 아이가 꿈틀이 젤리를 그림책 속 등장인물처럼 입안에 넣는 시늉을 합니다. 그때 다른 친구들은 "우웩"이라고 합니다. 그런 다음 이 순간을 즐기며 다 같이 맛있게 꿈틀이 젤리를 먹습니다. 이토록 단순한 놀이도 독후 활동이 될 수 있습니다.

## 어떤 아이든 쉽게 하는 '그리기 활동'

그림 그리기는 유아기 아이가 가장 쉽게 할 수 있는 놀이입니다. 무엇보다 그림 그릴 수 있는 곳을 다양하게 마련해주세요. 스케치북, A4 용지, 전지, 상자, 천, 사포, 호일, 검은색 스크래치 판 등 무엇이든 좋습니다. 같은 그림, 같은 재료여도 어디에 그리는지에 따라 느낌이 달라집니다. 아이가 그린 그림은 장소를 정해서 전시해주면 더 좋습니다. 마치 미술관이나 박물관처럼 아이의 여러 작품을 전시하고 전시회 놀이도 하세요. 스카치테이프를 붙였다 떼도 손상되지 않을 벽이나 문에 붙여주기만 하면 됩니다. 그리고 아이는 큐레이터나 가이드가 되어봅니다. 아이는 부모를 안내하며 자신의 작품을 소개하는 것만으로도 기뻐하고 뿌듯해합니다.

### ① 독서 감상화 그리기

그림책에서 가장 인상적인 장면을 따라 그립니다. 생각나는 것, 느낀 점을 그림으로 마음껏 표현해도 좋습니다. 유아기부터 초등 저학년 시기의 아이는 자신의 감정을 말이나 글로 전달하기가 어렵습니다. 하지만 그림을 이용하면 보다 효과적으로 전달할 수 있습니다. 그림을 그릴 때는 색연필뿐만 아니라, 크레파스, 사인펜, 파스텔, 물감, 반짝이 풀, 색 모래, 스티커 등 다양한 재료를 이용할 수 있으면 더 좋습니다.

문해력 강한 아이의 비밀

## ② 네 컷 만화 그리기

먼저 아이가 이야기의 흐름을 파악하게 하세요. 그다음 가장 중요한 장면 네 개를 고릅니다. 그 장면을 그려봅니다. 그림책과 똑같이 그릴 필요는 없습니다. 아이만의 방법으로 그리고, 상황에 맞는 문장을 말풍선에 넣습니다. 이야기가 자연스럽게 이어지도록 도와주세요.

## ③ 띠지 만들기

요즘은 강조하고 싶은 문장이나, 홍보 문구를 띠지에 표현하는 책이 많습니다. 아이와 그림책에서 강조하고 싶은 문장과 그림, 느낌에 대해 먼저 이야기 나누세요. 그리고 한눈에 들어오도록 띠지에 그려서 그림책에 붙여주세요. 아이만의 그림책을 만드는 독후 활동입니다.

## ④ 책 퍼즐 만들기

아이에게 세상에 단 하나뿐인 퍼즐을 만들어주는 활동입니다. 부모가 그림책을 읽어준 후 아이는 기억에 남는 장면 하나를 고릅니다. 그 장면을 그대로 따라 그립니다. 아이만의 느낌으로 다르게 그려도 괜찮습니다. 아이의 그림을 퍼즐 조각처럼 여러 개의 조각으로 자릅니다. 이때 아이가 퍼즐 맞추기를 할 수 있는 수준을 고려해서 조각의 크기와 모양을 정해주세요. 아이는 자기가 그린 그림으로 만든 퍼즐이라 퍼즐을 맞추며 더 큰 재미를 느낍니다.

이외에도 그림책을 읽고 할 수 있는 활동은 너무나 많습니다. 상상해서 쓴 뒷이야기나 읽은 책의 내용을 정리한 것으로 아이만의 책을 만들 수도 있습니다. 아이가 만든 작품으로 역할극이나 인형극, 그림자 극장 놀이도 할 수 있습니다. 피자나 팥빙수, 쿠키, 김밥 등 음식 만들기도 할 수 있습니다. 그림책 속 등장인물들이 하는 놀이를 따라 할 수도 있습니다. 등장인물처럼 버스나 지하철을 타고 가까운 곳을 찾아가도 좋습니다.

그림책은 아이와의 놀이를 발견할 수 있는 보물 창고입니다. 웃고 즐기며 만드는 그림책 독후 활동은 온 가족의 소중한 추억이 됩니다. 독후 활동 결과물은 가능하면 버리지 마시고 파일에 잘 모으세요. 아이는 독후 활동 파일을 고가의 성장 앨범보다 더 소중하게 여길 것입니다.

# 그림책으로
# 한글 떼는 방법

요즘 초등학생의 읽기 능력에 대해 걱정하는 이야기가 심심찮게 들려옵니다. 한글을 읽을 줄은 알지만, 어휘의 뜻을 모르거나 문장의 의미를 이해하지 못하는 아이가 많다는 것입니다. 1장에서 다룬 문해력 부족의 문제입니다. 그 이유를 따지자면 여러 가지가 있겠으나, 여기에서는 문해력의 시작점이 되는 한글 떼기에 관해 이야기해보겠습니다.

"한글을 가르친 적이 없는데 어느 순간 아이가 책을 읽고 있더라", "매일 책을 읽어주었더니 어느 순간 아이가 혼자 읽고 있더라"와 같은 남의 집 아이 이야기를 들어보았을 겁니다. 아쉽게도 저희 집에는 그런 언어 천재는 없었습니다. 하지만 저는 "매일 그림책을 읽어주면서 한글을 가르쳤더니 잘 배우더라"는 말은 할 수 있습니다.

첫째 아이를 키울 때는 한글 떼는 방법을 잘 몰랐습니다. 그저 아이가 좋아하는 그림책을 반복해서 읽어주고 이것저것 다양한 방법을 시도했습니다. 둘째 아이 때는 좀 더 일찍 체계적으로 한글 떼기에 도전해야겠다고 마음먹었습니다. 그런데 경험자는 알겠지만, 한글 떼기는 부모가 맘먹는다고 되는 일이 아닙니다. 부모가 아니라 아이가 준비되어야 시작이라도 할 수 있습니다. 아이를 어르고 달래서 겨우 한두 글자 가르쳐주어도 다음 날이면 모조리 잊어버립니다. "어제 배운 거잖아. 기억 안 나?"라며 다그치면 아이는 주눅이 들어서 더 기억을 못 합니다. 이렇듯 준비가 안 된 상황에서의 도전은 부모 속만 터지게 하고, 아이는 기가 죽습니다.

## 한글 공부는 언제 하면 가장 좋을까?

한글을 가르쳐야 하는 적기는 아이마다 다릅니다. 일찍부터 한글에 호기심을 보이고 배우려는 의지가 있는 아이에게는 가르쳐주는 것이 맞습니다. 하지만 호기심을 보이지 않으면 부모가 기다려야 합니다. 《EBS 문해력 유치원》에서 최나야 교수는 아이가 다음 같은 행동을 할 때 한글을 알려주는 것이 좋다고 했습니다.

- 주변에서 보이는 글자를 읽고 말할 때
- 글자 간의 비슷한 점을 찾을 때
- 글자를 끼적일 때

문해력 강한 아이의 비밀

## 한글 떼기는 이렇게 완전 정복!

아이에게 한글을 가르쳐야겠다고 맘을 먹으면 가장 먼저 한글 떼기 교재부터 찾는 경우가 많습니다. 아니면 한글을 떼게 해준다는 학습지를 알아봅니다. 가장 먼저 자음과 모음을 순서대로 배우거나 개연성 없이 제시된 통글자들을 배웁니다. 부모는 아이가 한 글자씩 읽어내면 한글을 뗐다고 여깁니다. 그리고 책 읽어주기로부터 졸업할 생각에 들뜨기 시작합니다.

그러나 한글은 문장과 함께 배워야 합니다. 또 문장 안에서의 쓰임을 동시에 배워야 합니다. 글 전체의 내용에서 그 낱말이 어떻게 쓰였는지를 알고 배워야 합니다. 그렇게 해야 그 글자가 품고 있는 뜻을 이해하게 됩니다. 이런 이해를 바탕으로 스스로 읽어내는 것이 바로 '읽기 독립'입니다. 읽기 독립을 하지 못한 아이는 한글을 읽을 수는 있지만 책을 읽지는 못합니다. 이는 수영하는 방법은 배웠지만 정작 물에는 들어가지 못하는 것과 다를 바가 없습니다. 처음부터 물속에서 수영을 배워야 물에 대한 두려움을 이기고 수영을 할 수 있습니다. 한글 역시 그것이 사용되는 문장과 함께 배워야 합니다. 그리고 한글을 문장과 함께 배울 수 있는 좋은 방법은 그림책을 이용하는 것입니다.

그림책으로 한글을 배우기 전, 먼저 아이가 그림책에 친숙해지도록 해주세요. 그림책과 만남이 반복되면 어느 시점부터는 아이가 한글에 호기심을 보입니다. 과정이 똑같지는 않겠지만 대개 다음 과정을 거칩니다.

❶ 부모가 아이에게 매일 그림책을 읽어줍니다.

❷ 아이는 그림책에 그림 외에도 무언가가 더 존재한다는 것을 인지하게 됩니다. 가만히 보니 부모가 까만색의 작대기와 동그라미, 네모의 조합을 보며 이야기를 들려주는 것 같습니다. 이게 도대체 뭘까 싶습니다.

❸ 주위를 둘러보니 이렇게 생긴 것들이 많습니다. 길가의 간판에도, 우리 집 책장에도, 현관문에 붙어 있는 전단에도, 텔레비전을 봐도 있습니다. 이제 아이는 저게 도대체 뭔지 궁금합니다.

❹ 그림책에서 '안녕'이라고 생긴 그림을 부모가 짚으면서 "안녕"이라고 말합니다. 아이는 이렇게 생긴 그림을 "안녕"이라고 읽는다는 것을 깨닫습니다. '고마워'라고 생긴 그림을 보고 "고마워"라고 읽는다는 것도 알게 됩니다.

❺ 그렇게 알아가는 것이 하나씩 늘어갑니다. 하지만 아직은 글자가 아니라 그림으로 인식합니다. 부모가 읽어주는 그림책에 '안녕'과 '고마워'가 나올 때마다 아는 그림이 나와서 반가워집니다.

❻ 부모처럼 읽어보고 싶다는 의사 표현을 아이가 합니다. 바로 아이의 한글 떼기를 시작해도 되는 때입니다.

**문해력 강한 아이의 비밀**

그럼 지금부터 아이와 함께 쉽고 간단하게 한글 뗄 준비를 해볼까요? 준비물은 A4 용지, 포켓식 앨범, 매직, 그리고 가장 중요한 그림책입니다.

❶ 부모가 아이가 좋아하는 그림책 한 권을 재미있게 읽어줍니다.

❷ A4 용지 한 장을 준비해서 4등분으로 자릅니다.

❸ 아이에게 읽어준 그림책에서 낱말 네 개를 고릅니다. 그리고 네 장의 종이에 큼지막하게 씁니다.

❹ 종이에 쓴 낱말을 그림책에서 찾아보고, 어떤 문장에서 쓰였는지 이야기합니다.

❺ 부모가 큰 소리로 낱말을 읽어주고, 아이도 따라 읽게 합니다.

❻ 네 개의 낱말 카드는 포켓 형태의 작은 사진첩에 한 장 한 장 넣어서 보관합니다. 하루 치 한글 공부는 이것으로 끝!

❼ 다음 날 부모가 아이에게 또 다른 그림책을 읽어줍니다. 아이가 원하면 어제 읽은 그림책을 다시 읽어주어도 괜찮습니다.

❽ 오늘은 또 다른 낱말 네 개를 찾아 네 개의 낱말 카드를 만듭니다. 낱말을 아이가 직접 고르게 해도 좋습니다. (하루에 배우는 낱말 수가 많다고 판단되면 네 개에서 두 개로 줄입니다.)

❾ 앞의 ❹, ❺, ❻번을 반복합니다.

❿ 새로운 낱말을 배우고 나면, 전날 배운 낱말도 한 번씩 읽습니다. 부모와 아이가 함께 읽는 것이 더 좋습니다.

⓫ 아이가 아는 낱말이 100개쯤 되면 자음과 모음에 대해 알려줍니다. 자음과 모음의 조합으로 글자 만들기 놀이를 합니다. 이미 아는 글자가 많으므로 더 쉽게 이해하고 놀이를 즐길 수 있습니다.

이제 아이는 자신이 배운 낱말에서 반복되는 글자를 찾습니다. 그림책을 펼치면 더듬더듬 읽기를 시도합니다. 글자가 보이는 곳마다 아는 낱말을 찾아 읽어봅니다. 드디어 문자의 세계에 눈을 뜨기 시작한 겁니다.

읽기를 시작하면 유아기 때 아이에게 읽어주던 그림책을 읽기 교재로 활용하세요. 한 페이지에 낱말 하나, 문장 한 줄인 그림책이면 더 좋습니다. 그리고 아이의 읽기 실력을 잘 관찰하면서 그림책의 글밥을 천천히 조금씩 늘려가세요. 이때 부모 한 줄, 아이 한 줄, 번갈아 읽으면 아이가 부모가 읽는 방법을 보고 들으며 정확한 발음과 억양, 끊어 읽기 등을 배웁니다.

## 그림책으로 한글을 떼면 좋은 까닭

그림책을 통해 한글을 배운 아이는 읽기와 동시에 문장을 이해합니다. 또한 읽기가 재미있다고 여깁니다. 아이에게 한글을 가르치는 다른 좋은 방법이나 놀이도 많습니다. 그런데 준비물이 많고 과정이 복잡하면 놀이를 준비하는 과정에서부터 지칠 수 있으니 주의하세요.

문해력 강한 아이의 비밀

뿐만 아니라 저는 무엇보다 한글 떼기는 문장을 통해야 읽기 고유의 목적을 이룰 수 있다는 점을 강조하고 싶습니다.

한글을 배우는 유아나 초등 저학년 아이에게 그림책만큼 좋은 읽기 교재는 없습니다. 처음 글자를 배울 때부터 엄선된 문장과 다양하고 아름다운 표현 속에서 한글을 배울 수 있어서입니다. 그림책은 한글을 처음 배우는 유아부터 읽기가 서툰 초등 아이까지 누구에게나 쉽고 재밌으며, 가성비 좋은 한글 떼기의 길잡이가 되어줄 것입니다.

**3장**

# 동화책으로
# 초등 문해력을 잡아라

# 동화책을 읽었을 뿐인데
# 공부가 쉽다고?

초등학교 선생님들이 묘사하는 교실의 모습은 생각보다 우울했습니다. 수업 시간에 몸을 뒤틀거나, 졸거나, 딴생각하는 아이가 많다고 합니다. 심지어 엎드려 자는 아이도 있다고 합니다. 한 반에 20명의 아이가 있다고 가정했을 때, 수업을 집중해서 듣는 아이는 겨우 서너 명이라고 합니다. 비율로 따지면 20퍼센트에 불과합니다. 과연 왜 이런 일이 초등 교실에서 일어나고 있는 걸까요?

이유는 수업 시간이 재미가 없기 때문입니다. 아이가 40분 내내 가만히 앉아 집중해서 듣기에 교과서의 내용은 지루합니다. 그러니 선생님도 아이들이 재미있게 집중할 만한 방법을 찾기 위해 고민이 많으실 겁니다.

대부분의 과목은 교과서를 읽고 이해하고 생각을 해서 문제를 해결해나가는 방법으로 수업합니다. 아이는 교과서를 읽는 과정에서 새로운 어휘를 만나고 복잡한 문장을 읽어야 합니다. 이해한 것을 바탕으로 응용 문제까지 풀어야 합니다. 어휘는 새롭고 문장은 이해하기 어려우니 수업 시간이 괴로운 건 당연합니다.

## 숙련된 독자가 되면 학교 수업이 흥미진진

아이를 수업에 집중하는 20퍼센트 안에 들게 하려면 어떻게 해야 할까요? 나아가 수업에 집중하는 아이의 비율이 80퍼센트, 100퍼센트가 되려면 어떻게 해야 할까요? 선생님의 설명과 교과서의 내용이 바로 이해된다면 수업에 집중하기가 좀 더 쉽겠지요. 결국 문해력을 키워주는 것이 방법입니다.

철학자 모티머 J. 애들러는 저서 《교사 없는 독서법》에서 독서를 야구 경기의 투수와 포수, 공에 빗대어 설명했습니다. 그의 비유에 따르면 투수는 책의 저자, 공은 책에 쓰인 글, 포수는 독자입니다. 투수는 느린 공, 체인지업, 커브 등 어떤 의도를 가지고 공을 던집니다. 이때 공을 멈추게 하는 것은 포수입니다. 포수는 투수와 잘 협동해서 투수가 던진 공을 잡아야 합니다. 독자가 글을 읽을 때 저자의 의도를 파악해서 이해하고 받아들이는 것과 비슷한 행위입니다. 투수는 대부분 포수가 공을 잘 받을 것이라 믿고 공을 던집니다. 저자 역시 독자가 자신의 의도를 파악하도록 글을 씁니다. '이해하는 데 애 좀 먹어봐라'라는 의도로 글을 쓰는 저자는 없습니다. 그런데도 독자가 이해하는 정도는 다 다릅니다. 그것은 얼마나 숙련된 독자인지에 따라 이해도가 다르기 때문이지요.

## 동화책으로 읽기에 노련한 아이 만들기

초등 아이가 숙련된 독자가 되려면 어떻게 해야 할까요? 가장 재미있고, 만만하고, 읽기에 노련해지기 쉬운 방법은 '동화책 읽기'입니다. 동화책은 이야기가 주는 재미의 힘으로 아이를 읽기의 세계로 끌어들입니다. 그리고 재미있는 사건과 개성 있는 등장인물, 호기심을 자극하는 지식으로 아이를 그 세계에 붙잡아둡니다. 읽기의 세계에 오래 붙들려 있을수록 읽기에 노련해집니다.

다양한 동화책을 꾸준히 읽어야 읽는 데 노련해집니다. 또 동화책의 장르에 따라 읽기 방법을 달리하는 것도 배웁니다. 이렇게 꾸준히 동화책을 읽으면 두 가지 힘이 생깁니다.

### 첫째, 생각하는 힘이 길러진다

동화책을 이해하며 읽으려면 이야기가 진행되는 배경을 알아야 합니다. 그 뒤 사건의 흐름을 파악하고, 등장인물의 심리와 행동 변화의 원인을 이해해야 합니다. 등장인물들의 행동에 웃고, 슬퍼하고, 분노해야 합니다. 이런 감정 이입의 상태가 공감입니다. 이해와 공감이 바탕이 되면 생각하는 힘이 길러집니다.

**문해력 강한 아이의 비밀**

에리히 캐스트너가 쓴 《로테와 루이제》는 여름 캠프에서 만난 쌍둥이 여자아이들의 이야기를 담은 동화입니다. 세상에 나와 똑 닮은 사람이 있다는 걸 우연히 알게 된 두 아이들은 자신들의 출생에 얽힌 비밀을 밝혀냅니다. 그리고 꾀를 내어 이혼한 부모를 다시 결합시킵니다. 동화의 주인공인 로테와 루이제의 마음고생은 철없는 부모의 이혼에서 시작됩니다. 그들은 부모의 마음을 돌리기 위해 대담한 결심을 하고 행동으로 옮깁니다. 그 과정에서 부모 때문에 어긋난 자신들의 운명을 바로잡아갑니다. 독자는 쌍둥이 아이들이 따로 자라게 된 배경을 글 속에서 찾아내야 합니다. 아이들이 대담한 행동을 함으로써 부모를 재결합시키는 이유도 알아야 합니다. 그리고 그렇게 행동하는 아이들의 감정에 공감해야만 이 동화를 이해할 수 있습니다.

이렇게 독자는 동화를 읽는 동안 인물 간의 관계와 사건의 배경, 그리고 이들이 겪는 갈등을 이해하기 위해 노력합니다. 등장인물들의 심리 변화를 이해하고 공감하는 과정도 거쳐야 하지요. 그러면서 생각하는 힘이 길러집니다.

### 둘째, 넓고 깊은 배경 지식의 힘이 생긴다

학교 공부는 배경 지식이 풍부할수록 유리합니다. 교과서의 내용을 잘 이해하도록 돕는 것이 배경 지식이기 때문입니다. 배경 지식은 교과서를 수월하게 이해하기 위한 열쇠라고 볼 수 있습니다.

예를 들어볼까요? 3학년 2학기 사회 교과서 2단원에서는 '시대마다 다른 삶의 모습'에 대해 배웁니다. 그중 옛날 사람들의 생활 모습을 알아보는 대목에서는 네 개의 그림으로 각각 구석기 시대, 신석기 시대, 청동기 시대, 철기 시대의 생활 모습을 보여줍니다. 그리고 이 네 시대를 단 네 문장으로 설명하지요.

> 옛날 사람들은 먹을 것을 얻기 위해 장소를 옮겨 다니며 살다가 한곳에 머물러 살게 되면서 농사를 짓기 시작했습니다. 그리고 자연에서 얻은 돌이나 나무를 이용하여 생활 도구를 만들어 사용했습니다.
> 시간이 흘러 불에 녹는 금속을 발견한 사람들은 청동으로 도구를 만들어 사용하기 시작했습니다. 이후 청동보다 더 단단한 철을 발견했고, 철을 이용하여 농사 도구와 무기 등을 만들어 사용하면서 사람들의 생활 모습이 크게 바뀌었습니다.

배경 지식이 전혀 없는 아이가 이 대목을 읽었을 때 이해하기 쉬울까요? 만약 선사 시대에 대한 사전 지식이 없다면 어른조차 이해하기 쉽지 않을 것입니다. 먹을 것을 얻기 위해 옮겨 다니다가 왜 갑자기 한곳에 머물러 살게 되었는지, 어떻게 해서 농사를 짓기 시작했는지, 생활 도구를 만든 배경은 무엇인지 등을 알 수 없지요. 청동이 '구리와 주석을 섞어 단단하게 만든 금속'이라는 풀이는 나와 있지만, 그래서 청동으로 어떤 도구를 만들었는지도 자세히 알 수 없습니다. 철을 이용하여 만든 농사 도구나 무기에 대한 설명도 없고요.

그런데 선사 시대를 주제로 한 동화책을 읽은 아이는 다릅니다. 동화책에서는 도구가 발전하게 된 원인과 과정, 사람들이 집을 짓기 시작한 이유, 마을이 생기고 전쟁이 일어난 원인 등 책 한 권을 할애해 자세하게 알려주지요. 사진과 그림을 통해 그 시대의 다양한 생활 모습과 도구들도 확인할 수 있습니다. 이렇게 동화책을 통해 배경 지식을 쌓은 아이는 이미 알고 있는 내용이기에 자신감 넘치는 태도로 수업에 적극적으로 참여할 것입니다. 이것이 배경 지식의 힘입니다.

○○○

동화책을 읽는 목적은 단순히 공부를 잘하기 위함이 아닙니다. 아이에게 그런 목적으로 책을 읽게 한다면 재미있게 읽던 아이도 도망가고 싶어질지 모릅니다. 그럼에도 불구하고 책을 많이 읽는 아이들은 공부를 잘한다는 공통점이 있습니다. 배경 지식이 풍부하고, 생각하는 힘이 키워져 공부 그릇이 만들어진 것이지요.

동화책의 효과를 잘 활용하면 좋겠습니다. 재미있는 동화책의 세계로 아이를 끊임없이 끌어들이세요. 그 안에서 자유롭게 유영하며 이야기를 즐기도록 도와주세요. 흥미진진한 이야기의 세계, 호기심을 해결해주는 지식과 정보의 세계를 꾸준히 경험하게 해주세요.

즐기고 경험하는 동안 자기도 모르게 공부 그릇이 커져 있을 것입니다. "지혜의 샘은 책 사이로 흐른다"라는 영국 속담이 있습니다. 공부가 쉬워지는 비법은 동화책 안에 있습니다.

# 교과 연계 도서,
# 권장 도서의 달콤한 유혹

여러분에게는 거부하기 힘든 유혹이 있나요? 제게는 늦은 밤에 본 라면 광고와 치킨 광고가 가장 큰 유혹입니다. 그에 못지않게 학부모로서 이겨내기 힘든 유혹이 한 가지 더 있습니다. 교과 연계 도서와 권장 도서의 유혹입니다.

사실 야식 한두 번 먹는다고 무슨 큰일이야 나겠습니까? 교과 연계 도서와 권장 도서도 마찬가지입니다.

### 아이 책을 고를 때는 아이 흥미와 관심사가 기준!

교과 연계 도서는 해당 학년의 교과서에 실린 작품의 원작이나, 교과서에서 배우는 내용과 연계된 내용이 담긴 책입니다. 교과 연계 도서를 읽으면 교과서의 내용을 예습, 복습할 수 있습니다. 또 교과서의

문해력 강한 아이의 비밀

내용을 더욱 쉽게 이해할 수 있고, 지식을 확장해서 공부할 수도 있습니다. 이런 이유로 새 학년이 되면 온라인 커뮤니티마다 교과 수록 도서 목록이 퍼집니다. 유명 출판사에서는 학년별 교과 연계 도서를 묶어 판매하기도 합니다. 상황이 이렇다 보니 학부모에게 교과 연계 도서는 '필독서'처럼 여겨집니다. 아이에게 세상 모든 책을 읽힐 수는 없으니 교과 연계 도서를 읽으면 가장 경제적이고 효율적인 독서를 할 수 있을 것 같습니다.

실제로 교과서에 짧게 실린 글의 원작을 찾아 읽는 것은 작품을 잘 이해하고 감상하는 데 큰 도움이 됩니다. 그리고 사회나 과학은 수업 시간에 배우는 내용을 곧바로 이해하기 어려울 수 있는데, 같은 내용도 이야기로 접하면 훨씬 쉽게 이해할 수 있지요. 반대로 연계 도서를 먼저 접했을 때 아이가 교과서 내용에 관심과 흥미를 보이기도 하고요.

저는 아이들의 독서에 열의가 가득하다 보니 누구보다 도서 목록에 쉽게 혹했었습니다. 교과 연계 도서와 권장 도서의 목록을 보면 인쇄하거나 사진으로 찍어 저장해놓곤 했습니다. 아이들이 학교에서 권장 도서 목록을 받아오면 눈에 불을 켜고 읽은 책과 안 읽은 책을 구분한 뒤, 안 읽은 책을 급하게 구한 적도 한두 번이 아닙니다.

그런데 그런 책들은 정작 아이들에게 찬밥 신세를 면하지 못할 때가 많더군요. 아무리 전문가가 추천한 책이라 해도 아이가 거부하면 도리가 없습니다. 결국 아이가 읽을 책은 아이의 흥미와 관심사에 따라 골라야 합니다.

## 교과 연계 도서, 권장 도서의 슬기로운 활용법

그렇다면 교과 연계 도서나 권장 도서는 어떻게 활용하면 좋을까요? 특히 아이가 학교에서 내준 권장 도서 목록에 따라 독서를 하고 독서록을 써야 한다면 읽히지 않을 수 없습니다. 권장 도서는 해당 학년의 교과 학습에 도움이 되는 책 위주로 선정합니다. 이런 이유로 그 학년에 필요한 읽기 능력과 알아야 할 지식의 범위를 파악하는 척도가 됩니다. 또 교과 수록 도서를 훑어보면 교과서를 통해 배우는 주제를 알 수 있습니다. 이 주제 중에서 관심 있는 주제와 관련된 책을 읽는 것이 바로 확장 독서입니다. 권장 도서를 읽되 거기서부터 아이의 독서가 꼬리에 꼬리를 물게 하는 겁니다.

아이에게 서점이나 도서관에 가서 그냥 책을 고르라고 하면 막막할 수 있습니다. 하지만 고를 책의 주제가 정해지면 책 고르는 일도 하나의 놀이처럼 즐거워집니다. 권장 도서를 읽고 난 뒤 아이의 반응을 통해 다음 책을 결정하세요. 아이가 권장 도서를 잘 읽어내고 재미있어한다면 그 책과 비슷한 수준, 같은 주제의 책을 찾아보세요. 혹은 새롭게 생긴 호기심을 해결해줄 다른 책을 찾아봅니다. 교과 연계 도서나 권장 도서도 기준을 내 아이에게 두고 활용하면 얼마든지 지혜롭게 활용할 수 있습니다.

문해력 강한 아이의 비밀

## 아이의 읽기 능력에 따라 변화를 주자

권장 도서나 교과 연계 도서를 활용할 때도 아이의 읽기 능력을 반드시 고려해야 합니다. 해당 학년의 권장 도서이긴 하나 어디까지나 평균 수준의 목록임을 기억하세요. 때로는 해당 학년 수준보다 다소 높은 단계의 책이 선정되기도 합니다. 그러니 아이의 읽기 수준이 권장 도서 목록의 수준에 미치지 못한다고 속상해하거나 아이를 다그칠 필요가 없습니다. 아이를 잘 살피고 파악해보세요. 권장 도서가 아이의 읽기 수준에 맞는지, 아이의 성향과 취향에 맞는지를 판단하는 것이 우선입니다.

부모는 아이가 골고루 먹고 건강하게 크기를 바랍니다. 그러나 권장 도서 목록은 내 아이를 위한 맞춤 식단이 아닙니다. '일반적으로 이렇게 먹으면 좋다'라는 기준을 제시하는 샘플 식단 같은 것입니다. 그러니 아이가 거부하거나 흥미를 보이지 않는다면 수정과 보완이 필요합니다.

"다른 외부적인 힘에 의해서 움직이는 것이 아니라 스스로 움직일 때, 여러분은 삶의 주체가 됩니다."

철학자 이진우 교수는 저서 《니체의 인생 강의》에서 스스로의 힘을 강조했습니다. 아이가 독서의 주체가 되려면 자신의 관심사와 흥미를 따라가야 합니다. 남이 만든 목록을 현명하게 활용하는 동시에 아이만의 목록을 만들도록 도와주세요.

# 성장하는 아이의
# 동화책 계단 오르기

"아이들한테 책 읽어주면서 나도 배우는 게 많네."

잠자리에 들기 전 아이들에게 책을 읽어주고 나온 남편이 말했습니다. 아이들이 어릴 때는 잠자리 동화로 그림책을 읽어주었습니다. 그림책은 아름답고 재미있는 이야기로 가득하지만, 어른에게는 크게 새로운 지식은 아닙니다. 그저 아이들이 재미있어하고 행복해하는 표정을 보는 것, 그것이 아이들에게 책 읽어줄 때 부모가 누릴 수 있는 최고의 기쁨이죠.

하지만 지금은 역사, 고전, 과학 등 아이들에게 읽어주는 책의 수준이 높아졌습니다. 그런 책을 읽어주다 보니 남편 역시 학창 시절에 배웠으나 잊어버렸던 지식을 다시 떠올리고, 또 새로운 지식을 알게

문해력 강한 아이의 비밀

된 거지요. 남편은 아이들에게 읽어주는 책의 수준이 높아진 것을 실감하며 새삼스레 아이들의 성장을 느끼고 있었습니다.

## 매일매일 하루가 다르게 발달하는 아이들

장 피아제Jean Piaget는 인간의 발달에 관해 연구한 학자입니다. 그에 따르면 인간의 발달은 나이를 기준으로 정해진 순서대로 일어납니다. 특히 초등 시기인 8~13세는 마치 계단을 오르듯 언어, 도덕성, 성격, 독서 능력이 단계별로 발달하는 시기입니다.

1학년 교실과 3학년 교실을 비교해보면 피아제의 이야기가 쉽게 이해됩니다. 학부모 참관 수업을 가면 1학년 교실은 유치원 교실과 크게 다르지 않습니다. 아이들을 대하는 선생님도 유치원 선생님처럼 친절합니다. 수업 시간에 동요를 따라 부르고 율동을 하는 등 초등학교 교실인지 유치원 교실인지 헷갈립니다. 그런데 3학년 교실의 분위기는 다릅니다. 사회와 과학이 새로운 과목으로 등장하고, 과목별로 단원 평가와 수행 평가도 봅니다. 아이들의 대화 내용마저 다릅니다. 1학년 교실은 마치 〈딩동댕 유치원〉에서 튀어나온 듯한 아이들의 대화가 오간다면, 3학년 교실에서는 〈신비 아파트〉의 막내인 열살 두리 수준의 대화가 오갑니다.

## 발달 단계에 발맞춘 독서 전략

학년이 올라가면 교과서의 수준도 같이 올라갑니다. 아이의 읽기 능력이 발달한다는 전제가 깔려 있다는 의미입니다. 그러면 아이의 읽기 능력이 저절로 발달할까요? 아이는 학년이 올라가면서 키가 자라고, 생각하는 것도 달라집니다. 하지만 아쉽게도 읽기 능력은 저절로 발달하지 않습니다. 사람의 뇌가 선호하는 것은, 쉽고 편하고 재미있고 자극적인 것입니다. 글을 읽는 일, 즉 독서는 뇌가 선호하는 것의 반대편에 있습니다. 어렵고 불편하고 지루한 시간을 견뎌내야 합니다. 독서는 뇌의 본성을 따르는 일이 아니기에 저절로 발달하기 어렵습니다.

그러나 시기마다 적절한 독서 환경을 만들어주고, 아이에게 맞는 방법으로 지도하면 독서 능력도 계단을 오르듯 발달할 수 있습니다. 뇌의 특정 부위를 끊임없이 자극하면 그 부위가 발달합니다. 마찬가지로 독서에 대한 자극을 지속해서 전달하면 독서 능력도 발달하는 것이지요.

이제부터 단계별로 발달하는 아이의 특징과 그 시기에 필요한 책읽기 방법을 알려드립니다. 아이의 연령별 특징을 이해하고, 적절한 방법을 시도해보세요.

### 8~9세 상상력을 자극하는 동화책으로 책 읽는 재미에 빠지게 한다

문자에 대해 본격적으로 호기심을 가지고 물 흐르듯 자연스럽게 읽는 시기는 보통 초등 1~2학년입니다. 이때 아이는 자신이 내뱉는 소리와 문자의 관계를 알게 되는데, 그러면서 어휘력이 폭발적으로 증

• 발달 단계에 따른 독서 전략

| 나이 | 8~9세 | 10~11세 | 12~13세 |
|---|---|---|---|
| 특징 | 상상력 최고조 | 자기만의 도덕적 기준이 생김 | 자아가 강해짐 |
| 독서법 | 낭독(소리 내서 읽기) | 정독(천천히 생각하면서 읽기) | 비판적으로 읽기 |
| 전략 | 책 읽기의 재미에 빠지게 하기 | 호기심을 자극할 만한 지식 책 읽기 | 멘토를 찾으며 읽기, 고민을 해결할 열쇠 찾기 |
| 추천 도서 | 모험담을 담은 이야기책, 옛이야기, 우화, 생활 동화 | 재미있는 시리즈물, 쉽고 재미있는 지식 동화 | 주인공의 모험담과 성장을 다룬 이야기, 판타지, 역사 소설 |

가합니다. 이 시기에 필요한 독서법은 낭독입니다. 소리를 내서 읽는 낭독은 눈, 귀, 입을 동시에 사용하므로 읽은 내용을 이해하는 데 효과적입니다. 상상력이 최고조에 이르는 시기인 만큼 상상력을 자극하는 동화의 즐거움을 알게 해주세요.

무엇보다 천천히 아이의 글밥을 늘려가며 책 읽는 재미에 푹 빠지게 하는 전략이 필요합니다. 이 시기에는 유아기에 읽어주던 그림책보다 글밥이 좀 더 많은 그림책과 짧은 단행본을 추천합니다. 기승전결 형식으로 주인공의 유쾌한 모험담까지 담고 있는 이야기책이 좋습니다. '토드 선장 시리즈', '납작이 스탠리 시리즈', '엠마 시리즈', '네이트 시리즈' 등 초등 1, 2학년을 대상으로 나온 책들이 그 예입니다. 동화책 읽기의 출발은 '아이가 재미있어하는 짧은 단행본 한 권'

입니다. 그 책을 시작으로 아이의 취향대로 뻗어가며 다양한 책을 읽으면 됩니다. 여기에 도덕성에 대해 뚜렷하게 이야기하는 옛이야기와 우화, 또래가 등장하는 생활 동화를 추가해보세요.

## 10~11세 관심 분야의 지식 책으로 독서 수준을 올린다

10~11세는 아동기에서 청소년기로 전환하는 시기입니다. 이때가 되면 아이는 이야기가 상상이라는 것을 인지하고 추상적인 어휘를 이해할 수 있습니다. 또 정확하고 다양한 어휘의 사용이 가능해집니다. 이 시기의 아이는 부모나 주변인의 행동과 가치관을 흡수해서 자기만의 도덕적 기준을 세웁니다. 이를 바탕으로 11세부터는 단짝 친구, 소그룹이 생기기 시작합니다.

초등 3학년부터는 교과서와 읽어야 하는 책의 글밥이 많아지고 학습 수준이 높아집니다. 그러므로 속으로 천천히 생각하면서 읽는 정독을 지도해주세요. 100쪽 내외의 책을 낭독으로 읽기는 힘듭니다. 대신 책을 읽은 후에 책에 대한 느낌이나 생각을 한두 문장 정도 말하도록 하면 좋습니다.

3학년부터는 사회와 과학이라는 새로운 교과목을 배웁니다. 사회와 과학은 배경 지식이 많을수록 이해하기 쉽습니다. 배경 지식이 부족하다면 관련된 지식 그림책부터 보여주세요. 처음에는 쉽고 재미있는 내용의 그림책부터 시작해서 조금씩 수준을 높이세요. 그래야 독서에 흥미를 잃지 않으면서도 해당 교과목에 대해 자신감을 가질

문해력 강한 아이의 비밀

수 있습니다.

이 시기에는 자신과 타인의 생각을 비교하고, 사고의 다양성을 추구하는 경험이 필요합니다. 인성 동화, 지식 정보 동화, 역사책, 인물책으로 독서 수준을 올리세요. 아이가 책 읽기에 아직 재미를 못 느낀다면 '코드네임 시리즈', '13층 나무집 시리즈', '만복이네 떡집 시리즈', '내 맘대로 뽑기 시리즈', '고양이 해결사 깜냥 시리즈' 등 부담 없이 재미있게 읽을 수 있는 시리즈물로 접근하세요. 다음 내용이 궁금해서 한 권씩 읽다 보면 점차 책과 가까워집니다. 지식 책에 거부감을 느끼거나 어려워한다면 《최강곤충왕》학연 컨텐츠 개발팀 지음, 《난 억울해요!》고자키 유 지음, 《수학 탐정스》조인하 글, 조승연 그림, 《과학 탐정스》조인하 글, 조승연 그림, 《빨간 내복의 초능력자》서지원 글, 이진아 그림 등 호기심을 자극할 만한 재미있는 지식 책을 추천합니다.

### 12~13세 성장 소설과 인물 이야기로 내면까지 성장시킨다

사춘기가 시작되는 12세부터는 자아가 강해집니다. 이 시기의 아이는 자신과 자신의 미래에 대해 관심이 많습니다. 지적 호기심이 매우 높아지고, 사회 전반에 관한 관심도 커집니다. 아이가 사춘기에 접어들면 분석적이고 비판적인 사고가 가능해집니다. 이제 부모의 의견에 말대꾸하고 따지기 시작합니다. 그러므로 부모는 잔소리나 훈계보다 지혜로운 방법으로 아이를 대할 필요가 있습니다.

12~13세 아이를 설득하려면 또래 인물이 등장하는 성장 소설이

나 인물 이야기가 효과적입니다. 이 시기의 아이는 자신의 정체성을 이해하고 삶을 살아가는 데 나침반 같은 역할을 해줄 멘토가 필요합니다. 그 역할을 책이 해줍니다. 아이는 독서를 통해 자신의 문제를 해결할 실마리를 얻을 수 있습니다. 《5번 레인》은소홀 지음, 노인경 그림, 《긴긴 밤》루리 지음, 《봉주르, 뚜르》한윤섭 지음, 김진화 그림, 《황금 깃털》정설아 지음, 소윤경 그림, 《마지막 레벨 업》윤영주 지음, 안성호 그림 등 주인공의 모험과 성장을 다룬 이야기는 아이의 취향을 저격할 겁니다. 판타지 소설, 과학 소설, 관심 분야의 지식 책, 역사책 등도 활용하세요. 글밥 늘리기의 징검다리가 되어줍니다. 수학, 과학, 시사 등의 이슈를 다룬 어린이 잡지나 뉴스, 신문 읽기도 추천합니다. 아이의 호기심을 채울 수 있음은 물론이고 다양한 배경 지식까지 만들어질 것입니다.

ooo

부모가 직접 독서 코치가 되어서 아이가 재미있게 읽을 법한 책을 다양하게 권해주세요. 수영을 배우는 단계에서 코치가 필요하듯 독서를 배우는 과정에 있는 초등 시기의 아이에게는 부모의 도움이 필요합니다. 시기별로 아이가 재미있게 책을 읽을 수 있는 환경을 만들어주는 것이지요. 아이는 부모의 도움으로 차근차근 독서 계단을 밟아 올라갈 것입니다. 아이의 독서 인생에서 속도는 중요하지 않습니다. 속도와 관계없이 꾸준히 계단을 밟고 올라가는 것이 중요합니다.

# 초간단 초강력
# 동화책 독후 활동

〈이웃집 토토로〉, 〈하울의 움직이는 성〉, 〈센과 치히로의 행방불명〉, 〈바람계곡의 나우시카〉···. 세계를 감동시킨 이 애니메이션들은 모두 미야자키 하야오 감독의 작품입니다. 그는 "내 애니메이션의 원동력은 모두 책에서 시작되었다"라고 말할 만큼 지독한 책벌레였습니다. 소년 시절 그는 학교 도서관에 있는 책들을 전부 독파했습니다. 특히 책을 읽고 나면 책에서 본 인물과 배경을 상상해 만화로 그리기를 좋아했습니다.

미야자키 감독이 책을 읽고 만화를 그렸던 것도 독후 활동 중 하나입니다. 누가 시킨 것도 아니지만, 그는 자신이 좋아하는 방법으로 독후 활동을 이어갔고 그것이 꿈을 이루는 계기가 되었습니다. 독서를 통해 쌓은 지식과 상상력은 그가 깊은 철학이 담긴 애니메이션을 만드는 데 중요한 자양분이 되었습니다.

## 독후 활동은 얼마든지 쉽고 간단하게

책을 읽고 줄거리를 정리하고 느낀 점을 간단하게 적는 독서록 쓰기만 독후 활동이 아닙니다. 매번 힘들고 지루한 독서록 쓰기만 해야 하면, 아이에게 독서는 부담스럽고 피하고 싶은 일이 됩니다. 누군가는 강제된 독후감 쓰기가 "아이들이 책 읽기와 멀어지게 만드는 방법"이라고까지 이야기했습니다. 우리는 재미를 위해, 지식을 얻기 위해, 깨달음을 얻기 위해 등 다양한 목적으로 책을 읽습니다. 그렇다면 독후 활동의 방법도 다양해야 하지 않을까요?

독후 활동은 아이가 좋아하고 잘할 수 있는 방법으로 하세요. 다양한 독후 활동으로 아이의 소질이나 재능을 발견할 수도 있습니다. 그것이 아이의 꿈과 연결될 수도 있고요.

독후 활동을 막연하게 어렵고 복잡하다고 생각하는 경우가 많습니다. 저는 아이들에게 로알드 달이 쓰고 퀸틴 블레이크가 그린 《조지, 마법의 약을 만들다》라는 책을 읽어준 적이 있습니다. 한꺼번에 읽기에는 글밥이 많아서 하루에 한 챕터씩 읽어주었습니다.

주인공 조지는 할머니를 골탕 먹이기 위해 상상을 초월하는 재료를 넣어 약을 만듭니다. 샴푸, 매니큐어, 비듬 치료제를 비롯해 아빠의 구두약, 페인트, 심지어 개벼룩 퇴치 약까지 집 안팎의 온갖 것을 넣지요. 그리고 그 약을 자신을 고약하게 대하는 마귀할멈 같은 할머니에게 먹입니다. 약을 먹은 할머니는 키가 쑥쑥 자라 지붕을 뚫고 나가버립니다. 다리와 목이 길어진 할머니는 화를 내기는커녕 자유로워졌다며 좋아합니다. 아빠는 조지가 만든 약을 가축들에게도 먹입니다. 그러자 가축들이 몇 배로 뻥튀기가 되어버립니다. 그 모습에 신이 난 아빠는 조지에게 약을 똑같이 더 만들라며 재촉합니다. 이 작품은 상상을 초월하는 상상력과 재미로 가득합니다. 아이들도 깔깔대며 즐거워하지요. 이런 책을 읽으면 독후 활동 역시 다양하게 진행할 수 있지만, 그저 재미로 읽고 끝내도 괜찮습니다.

　독서 지도사의 독후 활동은 무언가 대단할 거라 기대할지도 모르겠습니다. 하지만 제가 했던 것은 아이들이 좋아하는 게임 시간을 걸고 퀴즈를 냈던 게 전부입니다. "자, 오늘은 이 책의 두 챕터를 읽어주고 퀴즈를 낼 거야. 잘 들어야 해"라고 하면 아이들은 최대한 내용을 기억하며 듣기 위해 집중합니다. 그리고 "조지가 할머니에게 마법의 약을 만들어준 까닭은 무얼까?", "조지의 아빠가 약을 더 만들려는 목적은 뭐지?" 등 아이들이 약간의 생각만 하면 맞출 수 있는 문제를 냅니다. 어떤 독후 활동은 흥미 유발이 목적이기 때문이죠. 다음 날 둘째 아이는 그 책을 마저 읽겠다며 가방 안에 넣었습니다. 흥미 유발에 성공한 셈이지요.

## 일상에서 실천하기 가장 쉬운 독후 활동

저희 집 독후 활동, 어떻습니까? 독후 활동이 아직도 어렵게 느껴진다면 다음을 참고해보세요.

### ① 질문하고 답하며 진짜 대화하기

부모가 가장 쉽게 해줄 수 있는 독후 활동은 질문하기입니다. 별도의 시간도 준비물도 필요 없습니다. 아이가 평소에 보는 책만 알면 됩니다. 아침 독서 시간에 읽기 위해 가져가는 책은 무엇인지, 오늘 읽은 책은 무엇인지 가능하면 매일 확인하세요.

부모가 책 내용을 다 몰라도 아이에게 질문할 수 있습니다.

"이 책의 작가는 누구야?"

"이 책은 이야기책이야? 아니면 지식을 전달해주는 책이야?"

"등장인물은 누가 있어?"

"가장 기억에 남는 내용은 어떤 거야?"

"이 책을 읽으면서 궁금한 점은 뭐였어?"

그런 뒤 아이와 대화한다고 생각하고 진심으로 아이의 이야기에 귀 기울이세요. 친구와 만나서 수다를 떤다고 생각해보세요. 질문이 꼬리에 꼬리를 물고 연결되지 않나요? 사소한 이야기에도 반응하고, 호응하고, 공감해주지 않나요? 아이와 대화할 때도 이렇게 해보세요. 꼬치꼬치 유도 신문하듯 하는 질문 말고 진짜 대화를 하세요. 아이와 책으로 소통하는 일은 친구와의 수다보다 훨씬 영양가 있고 행복한 일입니다.

## ② 다음 책 고르기

한 권의 책을 읽고 나서 다음 책을 고르는 것도 독후 활동입니다. 책에서 다룬 주제에 흥미가 생기면 다음 책도 같은 주제의 책을 고를 확률이 높습니다. 도서관이나 서점에서 같은 주제를 다룬 책을 아이 스스로 고를 기회를 주세요. 같은 저자의 다른 책을 찾아보는 것도 좋습니다. 문체나 이야기를 전개하는 방식이 재미있었다면, 같은 작가의 다른 책도 재미있게 읽을 겁니다. 책의 뒤쪽 날개에는 같은 출판사에서 출판한 비슷한 성격의 시리즈를 안내하는 경우가 많으니 참고하세요.

독후 활동이라고 해서 반드시 무언가 쓰고 그려야만 하는 것은 아닙니다. 그 책의 영향으로 특정한 행동을 하게 된다면 모두 독후 활동입니다.

## ③ 다양한 의견 찾아보기

저희 첫째 아이는 지리와 역사에 관심이 많습니다. 서점에서 우연히 국제 문제 저널리스트 팀 마샬이 지은 《지리의 힘》이란 책을 발견해 매우 흥미롭게 읽었습니다. 책 표지에는 〈책 읽어드립니다〉라는 텔레비전 프로그램에서 소개한 책이라는 점을 강조하고 있었는데, 아이가 이 방송을 보고 싶어 했습니다. 〈책 읽어드립니다〉는 한 권의 책을 가지고 여러 명의 패널이 다양한 관점에서 이야기를 나누는 방식으로 진행됩니다. 아이는 자신도 마치 패널 중 한 명이 된 것처럼 이야기하며 그 프로그램을 즐겼습니다. 이렇게 한 권의 책에 대해 다양한 사람의 이야기를 들어보는 경험도 좋은 독후 활동입니다.

인터넷으로 그 책에 대한 리뷰를 찾아보는 것도 좋습니다. 다른 이와 자신의 생각이 어떤 면에서 일치하고, 어떤 면에서 다른지 알게 됩니다. 이런 과정을 거치면서 아이는 자신만의 생각을 갖습니다. 책에는 소개되지 않은 다양한 배경 지식까지 얻을 수 있고요.

#### ④ 생각을 다양하게 표현하기

한 권의 책을 깊이 이해하고, 그 책에 대한 자기 생각과 의견을 표현하는 것이 독후 활동입니다. 퀴즈나 이야기 지도, 마인드맵, 도표로 정리하기 등 독서록을 다양한 방법으로 써보는 것이 좋습니다. 어휘 확장을 위해 끝말잇기, 빙고 게임, 사전 찾기 등의 활동도 추천합니다. 느낀 점을 그림, 시, 감상문의 형태로 표현할 수도 있습니다. 앞서 소개한 그림책 독후 활동처럼 글 중심의 동화책을 읽고 나서도 책의 특징에 맞게 말하기, 쓰기, 그리기, 만들기 등 다양한 활동이 가능합니다.

이 모든 활동은 책에 대한 아이의 생각과 느낌을 표현하기 위해 하는 것입니다. 활동 자체가 목적이 되지 않으려면 '잘하는 것'을 목표로 하지 않는 것이 좋습니다. 부모의 기준이 어느 정도든 두세 단

문해력 강한 아이의 비밀

계 낮추세요. 아이는 자기 생각을 자꾸 칭찬받아야 신나서 더 잘 표현합니다.

### ⑤ 실생활과 창의적으로 연결하기

초등 아이가 책 읽는 행위 자체를 즐길 수 있는 가장 좋은 독후 활동은 실생활과 연결해주는 것입니다. 독서가 단순히 공부를 잘하기 위한 수단이라고 생각하면 독후 활동은 제한적일 수밖에 없습니다. 하지만 독서가 자신의 삶을 더욱 즐겁게 만들고, 다양한 경험을 할 수 있게 도와주는 통로라면 책을 대하는 자세가 달라질 겁니다. 어떤 경험이 있을까요? 책에서 본 장소 여행하기, 관련 주제를 유튜브나 텔레비전 프로그램에서 찾아보기, 보드게임을 하거나 책 주제를 활용해 보드게임 만들기, 인상적인 장면 그리거나 만들기, 비슷한 주제의 책을 도서관이나 서점에서 찾기, 독후 활동 재료 사러 문구점 가기, 이야기의 배경과 같은 시대의 영화 찾아보기, 책에서 소개하거나 관련된 음악 찾아 듣기 등 수없이 많습니다. 때로는 책을 본 다음에 "아, 재미있었다"라며 그냥 덮어도 괜찮습니다. '독후 활동은 이렇게 해야 한다'라는 틀을 벗어나면 좀 더 창의적인 독후 활동을 할 수 있습니다.

○○○

독후 활동은 책 읽는 재미를 잃지 않는 선에서 진행해야 합니다. 책 읽는 재미를 키워주는 활동이라면 더 좋습니다. '책은 재미있다'라는 인식을 심어준다면 아이의 독서 지도는 이미 절반 이상 성공입니다. 그러니 한 가지 방법만 고집하지 마세요. 책의 종류, 아이의 관심사, 현재 소화할 수 있는 지식과 활동의 종류를 잘 파악해서 독후 활동을 진행하세요.

# 스마트폰, 게임을 이기는
# 동화책의 힘

초등학교 5학년 아들을 둔 지인이 한숨 섞인 목소리로 걱정을 토로한 적이 있습니다. 새벽 3시에 화장실에 가려고 깼는데, 아이 방에서 희미한 불빛이 새어 나오더랍니다. 살짝 문을 열어보니 아이가 스마트폰으로 게임을 하고 있었다는군요. 스마트폰 중독, 게임 중독은 남 이야기인 줄 알았는데, 내 아이가 그럴 줄 몰랐다며 배신감 반, 걱정 반의 심정으로 이야기했습니다.

## 스마트폰에 의존하는 위험한 아이들

스마트폰에 지나치게 의존하는 사람들의 비율이 급격히 늘고 있습니다. 과학기술정보통신부KOSIS의 '스마트폰 과의존 실태 조사'에 따르면 스마트폰 과의존 비율이 매년 가파르게 증가해 2020년에는 23.3퍼센트로 조사되었습니다. 연령대별로는 만 10~19세 청소년이 35.8퍼센트로 가장 높고, 만 3~9세까지 유아 및 아동이 27.3퍼센트로 두 번째를 차지했습니다. 청소년은 세 명 중 한 명, 유아 및 아동은 다섯 명 중 한 명꼴로 스마트폰에 지나치게 의존하고 있다는 것입니다. 이는 성인에 비해 자기 조절력과 통제력이 약한 아이들이 쉽게 스마트폰에 중독되는 현실을 보여줍니다.

세계보건기구who는 만 2세 미만 아이에게는 스마트폰이나 텔레비전을 절대 보여주지 말라고 권고합니다. 그리고 2~4세 아이는 전자기기에 한 시간이 넘게 노출되지 않아야 한다고 합니다. 조절력이 부족한 아이는 스마트폰에 지나치게 의존하는 현상을 보일 수 있어서입니다. 게임도 마찬가지입니다. 심지어 세계보건기구는 게임 중독을 병으로 공식 지정했습니다.

이런 권고안을 일부 부모는 현실적이지 않다고 비판합니다. 부모 역시 스마트폰 의존도가 높은 시대에 살고 있으니 아이에게 스마트폰을 보여주지 않기란 쉽지 않기 때문입니다.

## 스마트폰, 게임에 빠지는 중독 매커니즘

중독은 쾌감에서부터 시작됩니다. 재미를 느끼면 몸에서 아드레날린이 분비되는데, 아드레날린은 도파민 분비를 촉진합니다. 도파민은 행복한 감정을 유발하는 호르몬입니다. 쉽게 재미와 행복을 얻을 수 있는 게임에 중독되는 이유입니다. 또 게임과 스마트폰에 중독되는 원인은 자신 없는 마음, 외로운 마음을 무언가에 의지하고 싶은 데서 찾을 수 있습니다. 즉 대화와 사랑이 부족한 자리에 중독이 들어설 가능성이 큽니다. 따라서 중독에서 벗어나려면 다른 것에서 확실한 재미, 위로와 사랑, 자신감을 얻어야 합니다.

전문가들은 중독 현상을 치료하기 위한 신체 활동이나 다른 다양한 방법을 권합니다. 여기에 더해 저는 동화책 읽기를 추천하고 싶습니다.

동화책은 이야기로 아이의 마음을 위로하고 의지가 되어줍니다. 책을 읽고 부모와 다정하게 나누는 대화는 아이의 마음을 사랑으로 충만케 합니다. 아이는 책을 통해 호기심을 해결하는 순간 재미와 희열을 경험합니다. 이런 감정들을 경험한 아이는 무언가에 쉽게 중독되지 않습니다. 그래서 어릴 때부터 책과 가까이 지내는 환경이 중요합니다.

## 몰입의 힘으로 중독을 이겨내라

하지만 요즘 아이들은 스마트폰이나 게임 외에도 시선을 빼앗길 곳이 많습니다. 저희 둘째 아이는 포켓몬스터를 좋아합니다. 그저 가끔 포켓몬 카드를 한두 개 사 모으는 정도로 좋아하던 아이가, 어느 때부터 비싼 카드도 서슴없이 사기 시작했습니다. 마트에 있다는 포켓몬 게임이 하고 싶어 주말 아침부터 온 가족을 마트로 끌고 가기도 했습니다. 솔직히 저는 그 인기가 도저히 이해가 안 갑니다. 하지만 아무리 엄마라도 아이가 좋아하는 걸 전부 이해할 수는 없기에, 그저 '내가 드라마를 좋아하듯 아이는 포켓몬을 좋아하는 거다'라고 여깁니다.

그런데 과연 포켓몬스터는 누가 만들었을까요? 저는 포켓몬에 푹 빠진 아이에게 포켓몬스터 개발자가 누구인지 소개하는 책을 권했습니다. 《151마리 몬스터의 숲.exe》는 포켓몬스터 개발자인 타지리 사토시에 관한 이야기입니다. 어린 시절 조용하고 내성적인 성격이었던 그는 포켓몬스터를 통해 인간관계의 소중함, 우정, 사랑을 말하고 싶어 했습니다. 아이는 이 책을 보면서 단순히 멋진 캐릭터에 열광하던 것에서 한 발 더 나아가 개발자의 의도까지 알게 되었습니다.

만화 캐릭터에 열광하는 아이라면 캐릭터를 소개하는 도감이나, 캐릭터를 이용해 재미있는 과학 원리를 소개하는 책도 좋습니다. '상상초월 포켓몬스터 과학연구소 시리즈'는 포켓몬스터를 과학적으로 분석해서 각 캐릭터의 특징을 소개합니다. 포켓몬스터를 다루지만, 등장하는 과학 용어가 결코 쉽거나 유치하지 않습니다. 오히려 꽤 어렵고 낯선 용어가 많이 등장합니다. 아이는 어렵고 낯설어도 그게 자신이 좋아하는 캐릭터의 특징이라면 당연한 듯이 받아들입니다.

이처럼 좋아하는 분야의 책을 몰입해서 읽을 때, 아이는 스마트폰이나 게임의 유혹을 이겨냅니다. 관심 없는 분야의 책을 의무적으로 읽는 행위로는 더 강력한 재미를 이길 수가 없습니다. 언뜻 쓸데없어 보이는 관심과 호기심이어도 아이는 그 한 가지 분야에 몰입하면서 진정한 재미를 경험합니다. 그리고 이를 바탕으로 책을 두루 섭렵하는 방법을 배웁니다. 이것이 아이의 독서 능력을 키워주는 방법이자 동시에 디지털 기기 중독을 막을 방법입니다.

## 아이에게 오래 가는 진짜 재미를 알려주자

아이가 스마트폰과 게임을 좋아하는 것은 어쩔 수가 없습니다. 말초 신경을 자극하고, 중독 요소를 고루 갖춘 그 대상을 모른 척하기는 어렵습니다. 현실적으로 이를 해결할 좋은 방법은 더 유혹적이고 재미있는 대상을 만들어주는 겁니다.

아이가 좋아하는 분야를 적극적으로 탐색하도록 지원하세요. 가능한 탐색의 방법이 책이 되는 것이 좋습니다. 부모 눈에는 쓸데없어 보이는 책을 읽는다고 그 책을 치워버리거나 다른 책을 억지로 권해서는 안 됩니다. 그 순간 아이는 순수한 호기심을 잃고 책과 멀어집니다. 오히려 아이가 좋아하는 분야를 더 깊이 파고들도록 도와주세요. 아이는 관심 분야에 깊이 몰입해서 읽는 경험을 통해 진짜 재미를 경험합니다. 진짜 재미는 즉각적이지 않고, 느리지만 오래 간다는 것도 알게 됩니다. 이런 경험이 아이에게 자신감을 안겨주고, 자신감은 세상을 사는 데 가장 큰 밑천이 됩니다. 무엇보다 일시적이고 즉각적인 재미로부터 자신을 지켜낼 수 있습니다.

전자 기기보다 책의 재미를 먼저 안 아이는 스마트폰이나 게임에 대한 의존도가 낮습니다. 하지만 이미 다른 것에 아이의 시선이 집중

되어 있다면 아이의 시선이 집중된 곳을 함께 바라보세요. 거기서부터 서서히 책으로 시선을 돌릴 수 있도록 도와주세요.

# 책 읽는 아이에서
## 잘 쓰는 아이로

　　초등 공부나 독서에 관한 이야기를 하다 보면 마지막에 꼭 등장하는 주제가 있습니다. 바로 아이는 부담스럽고 부모도 피하고 싶은 주제, 글쓰기입니다. 왜 글쓰기는 이토록 어려울까요? 예를 들어 어떤 일을 하려는데 "너, 이거 굉장히 중요한 일이야. 아무렇게나 대충하면 안 되는 거야. 네 인생이 걸렸다고"라는 이야기를 들었다고 생각해보세요. 선뜻 시작하기도 무섭고, 그 일을 내가 제대로 해내지 못하면 어쩌나 싶어 손발이 떨릴 겁니다.

　저는 요즘 아이들에게 글쓰기도 이런 무게감으로 느껴지지 않을까 싶습니다. '서술형 문제를 풀려면', '수행 평가를 잘 보려면', '논술을 준비하려면', '사회에 나가서 내 능력을 펼치려면' 등 '무언가를 잘하려면 글쓰기를 잘해야 해'라는 식의 말은 오히려 글쓰기에 대한 호기심과 흥미를 떨어뜨리지 않을까요?

저는 초등학교 4학년 때 교내 백일장에서 동시로 상을 받은 적이 있었습니다. 제목이 '단풍잎'이었습니다. 4학년의 생각이라기에는 너무 순수해서 공개하긴 어렵습니다만, 가을이 되어 단풍잎이 빨갛게 물들어 땅으로 떨어지는 모습이 흡사 예쁜 드레스를 입고 무도회에 가는 공주님 같다고 생각한 어린 소녀의 감성이 담긴 작품이라고 해두죠. 그럼에도 저는 그 동시로 상을 받았고, 제 동시는 액자에 그림까지 곁들여져 학교 복도에 전시되었습니다. 그때 이후로 저는 글쓰기에 자신감이 생겼습니다.

## 글쓰기가 만만해지는 방법

자신감은 어떤 일을 만만하고 재미있다고 여기게 만듭니다. 아이가 글쓰기를 만만하고 재미있게 여기게 만드는 것이 글쓰기 지도의 첫 번째 목표입니다. 글쓰기에 대해 크고 원대한 목표를 제시하고픈 마음은 일단 접어두세요. 그러기 위해서는 책상에 앉히고선 "일단 써"라고 재촉하기보다, 일상의 경험이 글쓰기가 되도록 연결해주는 물밑 작업이 필요합니다.

그것은 바로 부모의 환경 세팅입니다. 쓰기를 스스로 하지 못하는 아이가 스스로 쓰는 날까지는 어쩔 수 없이 부모의 도움이 필요합니다. 사실 아이가 완전히 성인으로 성장하기까지 모든 면에서 그렇듯이요. 아이가 쓰기에 독립하는 그날을 맞이하기 위해서도 매일 해야 하는 일이 있습니다.

## 첫째, 책을 읽어야 한다

흔히 이야기하는 인풋이 있어야 아웃풋이 있습니다. 가래떡을 뽑으려면 쌀가루를 넣어야 하고, 맛있는 음식을 먹으려면 재료를 가지고 요리를 해야 합니다. "독서만권 행만리로讀書萬卷 行萬里路"라는 말이 있습니다. '만 권의 책을 읽고, 만 리 길을 다녀라'라는 뜻으로 많이 읽고 경험하는 것의 중요성을 강조한 중국 명나라 말기의 사상가이자 실학자인 고염무의 말입니다. 이 말처럼 먼저 읽어야 합니다. 문장을 쓰려면 문장이 어떻게 쓰이는지 먼저 알아야 하지 않을까요? 항아리에 물이 가득 차야 흘러넘치듯 읽기가 어느 정도 채워져야 쓰기도 가능합니다.

아이에게 책을 읽다가 좋은 문장, 재미있는 표현, 감동적인 문장을 만나면 한 문장 필사를 권해보세요. 아이도 "한 문장 정도는 껌이지"라며 쉽게 해치울 겁니다. 저희 둘째 아이는 한글을 막 떼려고 하던 무렵 동시를 읽고 따라 쓰기를 했습니다. 아이에게 의성어와 의태어를 가르치기 위해 만들어진 말놀이 동시집은 읽기 유창성을 키워주는 동시에, 쓰기를 재미있게 배우도록 해주는 좋은 책입니다. 아이가 먼저 책을 읽을 수 있도록 도와주고, 그 책에서 딱 한 문장만 따라 쓰게 하세요. 한 문장조차 거부한다면 초콜릿이나 젤리라도 입에 넣어주며 응원해보세요. 아이의 마음을 움직이는 일은 힘과 잔소리로 되지 않습니다.

## 둘째, 다양한 경험이 필요하다

백 번 듣는 것보다 한 번 보는 것이 낫고, 백 번 보는 것보다 한 번 경험해보는 것이 낫습니다. 경험은 무언가를 아는데 가장 효과적인 방법이지요. 아이가 책을 읽기 시작하면 책과 연관된 경험을 하도록 도와주세요.

얼마 전 저희 가족은 부여로 여행을 다녀왔습니다. 여행 준비의 시작은 도서관에 가서 백제, 부여, 공주에 관한 책을 빌려오는 것이었습니다. 그리고 책을 통해 여행지에 관한 배경 지식을 습득했습니다. 실제로 부여에 도착했을 때 아이들은 가는 곳마다 보는 것마다 감탄하고 감격스러워했습니다. 책에서 봤던 역사가 눈앞에 펼쳐지니 그 경험은 훨씬 선명하게 기억되겠지요. 책만 읽고 독서록을 쓰는 것과 여행 후 경험을 떠올리며 쓰는 독서록은 쓰는 양에서부터 차이가 날 수밖에 없습니다. 실제 그 공간의 분위기, 냄새, 촉감, 그 순간의 기분까지, 쓸 수 있는 내용은 무한대로 늘어납니다.

여행 말고도 경험할 방법은 많습니다. 다큐멘터리나 영화, 텔레비전 프로 등의 미디어도 글쓰기에 활용할 수 있습니다. 책을 읽고 산책이나 등산을 하면서 식물과 곤충을 자세히 관찰하는 경험도 좋습니다. 짧은 일기나 한두 문장의 글쓰기로 관찰한 것과 느낌을 적어보는 겁니다. 부모와 함께 게임이나 보드게임을 하거나, 운동을 하는 것도 경험입니다. 박물관, 관공서, 음악회, 영화관, 놀이동산 등 어떤 장소에서 어떤 경험을 했든 글쓰기의 소재가 됩니다.

### 셋째, 자세히 관찰해야 한다

대부분의 아이가 정말 많은 활동을 했고 다양한 감정을 경험했음에도 일기장에는 간단하게 "정말 재미있었다. 다음에 또 가고 싶다"라고만 씁니다. 마치 누군가 그렇게 쓰라고 가르치기라도 한 것처럼요. 자세히 관찰하지 않아서 그렇습니다. 경험을 아무리 많이 해도 자세히 관찰하지 않으면 희미한 기억이 되고 맙니다. 본 것, 들은 것, 먹은 것, 무언가를 만졌을 때의 느낌, 그 순간 자신의 생각 등을 자세히 관찰하는 습관이 필요합니다.

기본적으로 문해력은 문장을 읽고 이해하는 능력이지만, 요즘은 좀 더 넓은 의미의 문해력이 필요합니다. 경험을 자기 것으로 만드는 일입니다. 경험하는 대상을 이해하는 것도 읽기 능력이기 때문입니다. 읽는다는 것은 자신이 가진 배경 지식과, 대상을 자세히 관찰해서 얻은 사실을 조합해서 이해하는 것입니다. 그리고 나름의 사고 체계를 통해 분석하고 분류해서 기억 속에 저장하는 것입니다. 자세히 관찰하려면 경험하는 순간 오감을 동원해야 합니다. 아이가 보고 듣고 만지고 경험하는 것들에 대해 오감을 발휘해 관찰하도록 적절히 질문해주세요.

"이건 무슨 색이지?"

"만졌을 때 어떤 느낌이 나?"

"냄새도 맡아볼까?"

"책에서만 봤던 건데 실제로 보니까 어때?"

"이 음식을 씹을 때는 어떤 느낌이 들어?"


경험하는 모든 순간을 오감으로 느끼고 그 느낌을 자세히 관찰하고 나면, 아이는 더욱 풍부한 소재로 글쓰기를 할 수 있습니다.

## 넷째, 말로 먼저 표현한다

저는 둘째 아이가 한글을 자유롭게 쓰지 못할 때 말하기로 일기를 쓰게 했습니다. 먼저 아이에게 질문을 던지고 나서 아이가 말하면 제가 일기장에 그대로 옮겨 써주었습니다. 일기장 한 권을 그런 방법으로 쓰고 나니 둘째 아이는 일기 쓰기에 자신감이 생겼습니다. 지금도 쓰기 싫어할 때도 있고, 첫 문장을 시작하지 못해서 헤맬 때도 있습니다. 그럴 때마다 저는 항상 질문을 던져줍니다.

글쓰기가 어려운 아이도 말로 하면 좀 더 쉽게 자기의 이야기를 할 수 있습니다. 부모는 가능하면 그대로 써주되, 표현이 미흡하거나 문장의 호응이 맞지 않는 부분만 수정해서 씁니다. 이때 아이에게 "네가 말하려고 했던 게 이거 맞아?"라며 정리한 문장을 들려주고 아이의 동의를 구하는 것이 좋습니다. 아이의 표현을 어른의 표현으로 바꾸어버리지 마세요.

　평소에도 아이가 자기 생각을 말로 자유롭게 표현할 기회를 자주 만들어주세요. 식사하면서, 영화를 보면서, 책을 읽어주면서, 산책하면서, 차를 타고 어딘가로 이동하면서 묻고 답하는 것이 일상이 되면 좋습니다. 질문은 반드시 부모만 할 수 있는 것이 아닙니다. 아이에게도 질문할 기회를 주세요. 엄마 아빠의 어린 시절, 엄마 아빠의 생각, 책을 읽으면서 궁금한 점, 텔레비전을 보면서 가진 호기심…. 말하지 않았을 뿐이지 아이에게도 표현하고 싶은 것이 많습니다.

○○○

당연하게도 글쓰기는 쓰는 일을 반복해야 실력이 늡니다. 하지만 쓰기를 시도하기도 전부터 겁먹거나, 부담을 느끼거나, 부정적인 감정을 갖지 말아야 합니다. 아이가 잘 쓰기 이전에 잘 읽을 수 있도록, 충분히 읽을 수 있도록 도와주세요. 다양한 경험을 하면서 오감을 통해 자세히 관찰하고, 그 경험을 말로 먼저 표현할 기회를 주세요. 글쓰기가 특별하고 대단한 일이 아니라고 느끼게 만드는 것이 포인트입니다. 읽고, 경험하고, 느끼고, 질문하고 답하는 일상을 통해 '한번 써볼까?'라는 마음이 들면 아이 스스로 쓰는 순간이 옵니다.

# 4장

## 꼬리에 꼬리를 무는 연결 확장 독서법

# 문해력 기르기의
# 또 다른 방법들

얼마 전 저는 아이들과 초코칩 쿠키를 만들었습니다. 먼저 집에 있는 재료를 아이에게 알려주었습니다. 그다음 인터넷에서 적당한 레시피를 찾으라는 지령을 내렸죠.

"찾았다! 통밀 가루로 만드는 초코칩 쿠키 레시피야."

아이들은 직접 찾아낸 레시피를 읽으며 쿠키 굽기에 나섰습니다. 제 역할은 재료와 요리 도구를 꺼내주는 것까지였습니다. 나머지는 아이들이 직접 레시피를 읽고 재료를 계량하고, 섞고, 모양을 만들며 완성해나갔습니다. 아이들은 에어프라이어의 온도와 시간을 확인해서 그대로 세팅했습니다. 마침내 도톰하고 촉촉한 초코칩 쿠키가 완성되었습니다. 생각보다 훨씬 더 맛있게 완성된 초코칩 쿠기는 순식간에 우리 가족 입안으로 사라져버렸습니다.

문해력을 기를 수 있는 최선의 방법은 독서입니다. 그런데 독서만이 유일한 방법은 아닙니다. 요리 레시피를 읽으며 직접 따라 해보는 활동도 문해력을 기르는 방법 중 하나입니다. 문자를 읽고 이해해서 실전에서 적용할 수 있는 능력, 이것이 바로 문해력이기 때문입니다.

그림책과 동화책 외에 다양한 읽을거리도 아이의 문해력을 길러줍니다. 독서가 문해력이라는 목표점에 도달하기 위한 정예 부대라면 앞으로 소개할 다양한 경험과 읽을거리는 든든한 지원군입니다.

## 1. 문해력을 높이는 다양한 경험

아이가 자라는 동안 하는 크고 작은 경험은 모두 소중한 공부가 됩니다. 특히 글을 읽어서 방법을 익히고 난 다음, 몸으로 직접 부딪쳐 체득한 경험은 살아 있는 지식입니다. 그중에서도 추천하고 싶은 경험들을 소개합니다.

### ① 집안일

요리법에서부터 정리 정돈, 수납법, 청소하는 방법, 가계부 쓰는 방법까지 집안일도 잘하기 위해서는 요령과 노하우가 필요하고, 사고력과 문제 해결력, 응용력, 창의성이 필요합니다. 아이에게 집안일을 가르친다는 것은 이 많은 능력을 길러주는 것과 다름없습니다. 게다가 집안일의 노하우나 요리법 등을 아이가 직접 책이나 인터넷으로 찾아보게 하면 문해력까지 동시에 키워줄 수 있습니다.

– 이불 개기

– 현관 신발 정리하기

– 수건과 속옷, 양말 개기, 옷장에 직접 정리해서 넣기

– 쌀 씻기, 전기밥솥으로 밥하기(10세 이상 추천)

– 설거지하기(칼이나 날카로운 조리 도구, 깨지기 쉬운 유리컵 등은
  부모가 합니다.)

– 분리수거하기

– 실내화 직접 빨기

– 내 방, 내 책상 주변 청소하기

– 세탁기 돌리기(세제를 넣고 버튼을 누르는 방법을 알려줍니다.)

– 청소기 돌리기(청소기 무게를 감당할 수 있는 아이에게 하게 합니다.)

– 가족이 함께 요리하기(채소 썰기부터 시작해서 불 쓰는 요리로 난도
  를 높여갑니다.)

– 마트에 같이 가서 함께 장보기(아이에게 목록을 주고 직접 카트에
  담도록 미션을 줍니다.)

## ② 아이 주도적 체험 활동

저희 집에서는 가족이 가까운 곳으로 나들이를 가거나 여행을 갈 때
준비 과정부터 아이들이 주도적으로 참여합니다. 아이들도 직접 계
획을 짠 여행에는 적극적으로 참여하기 마련입니다. 어른도 여행을
계획할 때 인터넷으로 여행지에 대한 정보를 찾지요? 아이에게도 자

료 찾는 방법을 가르쳐주세요. 아이가 스스로 여행지에 대한 정보를 찾고 계획을 세우게 하는 거지요. 간단히 버스나 지하철을 아이 혼자 타고 목적지를 찾아가는 활동도 해볼 수 있습니다. 조금 더 욕심을 내서 그 계획을 파워포인트나 한글 문서로 작성하게 하는 것도 좋습니다. 이런 경험은 자기 주도적인 아이로 자라게 합니다.

- 지하철 · 버스 노선도, 공원 안내 지도 보고 목적지 찾아가기
- 가족 여행지를 회의로 정하고 여행지에 대한 정보 찾아보기
- 여행 일정에 맞게 계획 세우기(아이가 주도적으로 하게 합니다.)
- 여행지에서 사전 조사한 자료를 토대로 아이에게 안내 부탁하기
- 인터넷으로 요리 레시피 찾아보고 직접 요리하기(쿠키 같은 간단한 요리부터 시작하세요.)
- 체험 활동 장소의 인터넷 홈페이지를 통해 사전 조사하기
- 체험 활동 장소에서 체험할 내용 미리 정하기(예를 들어 과학관을 방문한다면 어느 관을 중점적으로 볼지 미리 계획을 세우세요. 직업 체험관을 방문한다면 어떤 활동을 하고 싶은지 아이와 상의하세요. 체험 순서에 따라 동선을 효율적으로 계획할 수 있습니다.)

## 2. 문해력을 높이는 다양한 읽을거리

책 외에도 일상에서는 읽어야 할 것이 많습니다. 신문, 잡지, 계약서, 공원 · 유적지의 경고문이나 안내문, 박물관 · 전시회의 작품 안내문,

복약 지도서, 제품 사용 설명서, 장난감 사용 설명서, 공연 안내 책자 등 아이가 다양한 글을 읽게 해주세요. 일상에서 읽어야 하는 글은 실생활과 직결되기에 정독하는 습관을 기르기에도 좋습니다.

### ① 어린이 신문, 어린이 잡지 읽기

신문과 잡지는 시사, 수학, 과학 등 다양한 분야의 상식과 배경 지식을 쌓는 데 도움이 됩니다. 신문과 잡지 기사를 따라 쓰거나 글쓰기용으로 활용하는 것도 좋습니다. 단 매번 의무적으로 하면 아이에게 잡지 보는 것도 공부처럼 느껴질 수 있으니 자주 하는 것은 권하지 않습니다. 그저 재미있게 읽는 것만으로도 충분합니다.

### ② 가전제품 사용 설명서 읽기

가전제품을 새로 장만하면 아이도 사용 설명서를 읽게 하세요. 그리고 설명서대로 직접 조작하게 해주세요. 가전제품은 어른만 사용하는 물건이 아닙니다. 그런데 간혹 설명서가 이해하기 힘들게 만들어진 것도 있습니다. 이런 글을 만나면 오히려 행운입니다. 어려운 글을 이해하기 쉽게 설명하려면 어떻게 고치면 좋을지 이야기를 나눌 좋은 계기입니다.

### ③ 장난감 조립 설명서, 보드게임 설명서 읽기

조립해야 사용할 수 있는 장난감이 있습니다. 설명서를 보면서 아이

문해력 강한 아이의 비밀

와 함께 조립하거나 아이 스스로 조립할 수 있게 도와주세요. 블록을 가지고 자유롭게 작품을 만드는 활동도 좋지만, 설명서를 보면서 만드는 활동도 좋습니다. 보드게임을 하기 전 아이가 게임 방법을 읽고 가족에게 설명하게 하세요. 특히 아이가 좋아하는 게임이면 더 꼼꼼히 읽고 잘 설명하기 위해 노력할 겁니다.

### ④ 광고 전단지 읽기

광고 전단지는 무언가를 알리기 위해 만들어진 문서입니다. 아이와 함께 광고 전단지를 읽고 무엇을 알리기 위한 문서인지 이야기를 나누세요. 전단지에서 제품이나 서비스의 어떤 특징을 강조하는지, 허위·과대 광고는 아닌지도 찾아보세요. 마트에서 온 전단지가 있다면 아이가 먹고 싶은 간식이나 음식의 재료를 얼마에 파는지, 이번 주말에 할인하는 품목은 무엇인지 함께 찾아보세요.

○○○

지식을 아는 것과 아는 것을 실천하는 것은 다른 문제입니다. 아는 것을 실행에 옮겨야 진짜 살아 있는 지식이 되죠. 집안일과 아이가 주도하는 다양한 경험, 그리고 여러 읽을거리는 아는 것을 실천해볼 기회를 제공합니다. 책을 읽는 것도 결국은 책을 통해 배운 것을 자신의 삶에 적용하고 실천하기 위함입니다. 거창한 것을 실행에 옮기기 전에 먼저 아이가 생활 속에서 아는 것을 실행에 옮기고 읽은 것을 행동으로 옮기는 경험에 익숙해지게 해주세요.

아인슈타인은 말했습니다. "지혜는 학교에서 배우는 것이 아니라 평생 노력하며 얻어지는 것이다." 세상은 아는 만큼 보이고, 보이는 만큼 배울 수 있습니다. 그리고 배운 것을 실행한 만큼 지혜가 생깁니다.

# 유튜브, 텔레비전,
# 컴퓨터와 독서를 연결하자

둘째 아이가 한 학기 동안 교육청에서 운영하는 창의융합 수업을 받은 적이 있습니다. 수업은 주 1회 온라인으로 진행했습니다.

교사: 여러분, 선생님이 올려준 수업 전 영상 다 시청했지요?
학생: 네!
교사: 사전 과제로 내준 PPT도 다 제출했나요?
학생: 네!

아이는 수업 일주일 전 선생님께서 올려놓은 사전 영상을 시청했습니다. 그 영상을 보고 알게 된 것과 추가로 책과 인터넷으로 조사한 자료를 토대로 수업 전 과제를 PPT로 만들어 제출했습니다. 수업 시간에는 각자의 과제를 발표하고 화면 속 선생님, 친구들과 함께 실험을 했고요. 수업이 끝나면 또다시 수업 보고서를 작성하거나 PPT 혹은 동영상 과제를 제작해서 제출했습니다. 마지막 산출물 발표회는 교실처럼 꾸며진 메타버스 공간에서 진행되더군요. 아이는 아바타를 자기 이름이 적힌 책상에 앉히고 순서가 되면 교단 앞으로 이동시켰습니다. 그리고 발표 자료 PPT를 다른 참가자에게 공유하고 발표했습니다.

이런 수업 형식은 몇 년 전까지 상상할 수조차 없었습니다. 디지털 미디어는 나날이 우리 삶을 획기적으로 편리하게 만들고 있습니다. 아이가 살아갈 미래 사회는 지금보다 더 디지털화된 세상일 것입니다. 그런데 여전히 스마트폰이나 게임 중독 등 문제가 심각합니다. 사실 디지털 미디어 자체가 아닌 그것에 접근하고 활용하는 방법에 문제가 있는 게 아닐까요? 디지털 미디어를 잘 활용할 수 있는 방법을 아이에게 가르쳐주어야만 합니다.

## 인공지능 시대가 원하는 인재의 모습

2020년 세계경제포럼은 〈직업의 미래 보고서 2020〉을 발표했습니다. 보고서에 따르면 2025년까지 늘어날 직업은 데이터, 인공지능, 디지털, 자동화, 정보 보안, 소프트웨어, 앱 개발, 사물 인터넷 분야의 전문가입니다. 반면 데이터 입력 등의 단순 업무, 관리직, 경영지원, 회계 업무, 조립, 정비, 서비스직 등은 줄어들 것으로 전망합니다. 그러면 인공지능이 인간의 일자리를 다 빼앗아가는 세상이 올까요? 그렇지 않습니다. 보고서에서는 오히려 인공지능과 인간이 협업하는 일자리가 늘어날 것으로 예측합니다.

자, 그러면 미래 사회는 어떤 인재를 원할까요? 인공지능을 이해하고, 동시에 인공지능에는 없는 능력을 갖춘 인재를 원할 것입니다. 바로 비판적 사고를 토대로 문제를 분석하고 창의적으로 문제를 해결할 능력을 갖춘 인재입니다. 디지털 리터러시digital literacy, 즉 디지털 미디어를 이용해 정보를 찾아내고 그것을 새롭게 조합해 사용하는 능력을 갖추어야 한다는 뜻이지요.

## 우리의 디지털 리터러시 교육은 어디쯤 왔나?

하지만 우리나라의 디지털 리터러시 교육 현황은 경제협력개발기구 회원국 평균에도 못 미치는 수준입니다. 2021년 경제협력개발기구가 발간한 보고서에 따르면 한국 학생은 제시된 문장에서 사실과 의견을 구분하는 능력이 경제협력개발기구 회원국 중 최하위입니다. 피싱 메일을 판별하는 능력도 최하위입니다. 디지털 리터러시 교육 빈도 또한 최하위며, 수업 중 ICT정보통신기술 활용 빈도 역시 함께 비교한 칠레, 독일, 영국, 미국, 스페인, 포르투갈 등 7개국 중 6위에 머물렀습니다. 디지털 기기에 대한 의존도는 높아지는데 정작 디지털 활용 능력은 떨어지고 있습니다. 어쩌면 디지털 미디어는 잘못이 없는지 모릅니다. 그것을 제대로 활용하는 방법은 가르쳐주지 않은 채, 무작정 아이 손에 건네주기만 한 어른의 잘못이 아닐까요?

## 유튜브, 텔레비전, 컴퓨터와 독서를 함께하는 법

디지털 리터러시 교육은 어떻게 해야 하는 걸까요? 미디어와 독서를 연결하는 데 답이 있습니다.

### 첫째, 책을 통해 컴퓨터 기술 배우기

요즘 코딩이나 동영상 편집 기술에 관심 있는 아이가 많습니다. 도서관 어린이 자료실에는 코딩에 관련된 동화책부터 활용 사례로 구성된 책까지 종류가 많습니다. 만약 아이가 컴퓨터 기술에 관심을 보인다면 책을 먼저 찾아보세요. 아이와 함께 책을 살펴보고 처음에는 코딩이 무엇인지, 어디에 어떻게 활용하는 기술인지 이해를 돕는 책부터 빌려보는 거지요. 그 뒤 엔트리나 스크래치 등 특정 프로그램을 자세히 설명하는 책을 읽으며 방법을 익힙니다. 동영상 편집 방법을 익힐 때도 마찬가지입니다. 먼저 책을 통해 방법을 익혀 따라 하고, 부분적으로 이해가 잘 안 되거나 시연을 확인할 필요가 있을 때는 유튜브나 블로그를 찾아보세요.

### 둘째, 유튜브에서 관심 분야의 채널 구독하기

유튜브 알고리즘을 따라 영상을 보다 보면 시간이 순식간에 지나가버립니다. 딱히 궁금했거나, 재미있다고 여기는 내용도 아닌데 자신도 모르게 넋을 놓고 본 경험 다들 있으시죠? 그렇게 특별한 목적 없이 접속하는 순간 알고리즘의 노예가 되는 것입니다. 아이도 마찬가지입니다. 보다 보면 끝도 없이 다음 영상이 추천되고, 어느새 보지 말아야 할 영상까지 아무런 생각 없이 보고 있습니다. 유튜브 시청을 반대하는 부모님은 아마도 이런 이유 때문이 아닐까 생각합니다.

사실 유튜브에는 아이에게 유익한 채널이 무척 많습니다. 아이가 재미있어하고, 부모가 보기에도 유익하다면 책과 연계해서 보여주세요. 유튜브를 잘 활용하면 배움의 세계를 넓힐 수 있습니다. 영상에서 언급한 내용을 다시 책으로 찾아보는 것도 좋습니다.

### 셋째, 텔레비전 프로그램, 다큐멘터리, 영화 활용하기

저는 아이들과 예능도 같이 보고, 아이들도 볼 만한 드라마가 있다면 같이 봅니다. 그런데 텔레비전 프로그램에는 예능과 드라마만 있는 것은 아닙니다. 역사를 재미있어하는 아이가 좋아할 〈벌거벗은 세계사〉, 〈벌거벗은 한국사〉, 〈역사저널 그날〉 같은 유익하고 재미있는 교양 프로그램도 있습니다. 그리고 넷플릭스나 디즈니플러스 같은 OTT 플랫폼에는 아이들이 흥미로워할 만한 다큐멘터리가 정말 많습니다. 공룡, 동물, 곤충, 지구, 우주, 음식, 역사, 여행 등등 주제도 다양합니다.

영화도 마찬가지입니다. 애니메이션뿐만 아니라 아이가 좋아할 소재의 영화를 찾아서 함께 보세요. 텔레비전 프로그램, 다큐멘터리, 영화를 함께 보면 대화의 소재가 풍부해집니다. 또 아이가 어떤 분야에 열광하는지 좀 더 쉽게 알 수 있습니다. 새로운 호기심을 키워줄 수도 있습니다. 〈마션〉을 보면 화성에 대해 알고 싶어지고, 〈인생은 아름다워〉를 보면 2차 세계대전에 대해 궁금해집니다. 〈프리 가이〉를 보면 메타버스가 무엇인지 쉽게 이해됩니다. 그렇게 해서 특정 분야에 호기심이 생겼다면 그다음 단계로 책을 찾아서 함께 읽습니다.

### 넷째, 아이만의 SNS 계정 만들기

블로그를 비롯한 SNS는 기본적으로 사람들에게 보여주기 위한 글을 쓰는 공간이지요. 그러므로 좀 더 신경 써서 글을 쓰게 되고 사진을 고를 때도 신중해집니다.

SNS 계정을 만들 때는 사진 위주의 공간보다 호흡이 긴 글을 쓰기에 적당한 공간을 정합니다. 그리고 아이가 자기만의 공간에 독서 리뷰나 체험 활동 후기, 관심 분야에 대한 정보 등의 글을 포스팅할 수 있도록 도와주세요. 관심 분야에 대한 글을 쓰려면 주제를 생각하고, 자료를 찾고, 정보를 취사 선택해서 글쓰기까지 스스로 해야 합니다. 이런 과정을 통해 글쓰기 연습을 하면서 하나의 주제에 접근하는 방법을 익힐 수 있습니다. 필요한 정보를 선택하고 불필요한 정보를 버리는 방법도 알게 됩니다.

ooo

아이가 미래에 어떤 직업을 갖게 될지, 어떤 삶을 살게 될지 지금으로서는 알 수 없습니다. 그러나 미래 사회에서는 어떤 방식으로든 디지털 미디어와 연결된 삶을 살 거라는 점은 분명합니다. 그것과 관련된 콘텐츠를 만들거나, 이용하거나, 직접 미디어에 등장할 수도 있겠지요. 디지털 미디어에 방영할 광고를 만들거나, 그 광고에 등장할 제품을 만들거나 서비스를 만들 수도 있습니다. 자기 일을 위해 디지털 미디어를 이용할 수도 있고, 그것에 이용될 수도 있습니다. 어떤 경로든 직간접적으로 연결될 것입니다. 그렇다면 아이가 그것을 이용하는 쪽과 이용당하는 쪽, 의존하는 쪽과 활용하는 쪽 어느 쪽이길 원하시나요?

물론 디지털 미디어를 활용하는 일은 신중해야 합니다. 그래서 저는 책이 함께여야 한다고 강조합니다. 그렇게 할 때 의존성보다는 활용 능력인 디지털 리터러시가 길러집니다. 아이가 책과 미디어를 한 세트처럼 이용하게 되면 관심의 폭이 더 깊고 넓어집니다. 뿐만 아니라 관심을 표현하는 방법이 다양할 수 있음을 알게 됩니다. 그러니 무작정 멀리하게 하기보다 잘 이용하는 방법을 가르쳐주세요. 같은 돌덩이에 누군가는 걸려 넘어지지만, 또 누군가는 위대한 예술 작품을 만들어냅니다.

# 아이와 함께하는
## 1일 선생님 놀이

아이: 자, 오늘은 사슴벌레에 대해 배울 거에요. 사슴벌레 고향이 어
　　 딘지 아는 사람?"

아빠: 공원이요.

엄마: 숲이요.

아이: 정답! 사슴벌레는 숲에 살아요. 사슴벌레에 대해 더 자세히 알
　　 아볼까요? 사슴벌레의 집게 같은 곳이 턱이에요. 그리고 이렇
　　 게 생긴 곳이(그림을 그리며) 나무 진을 빨아 먹는 혀예요."

가족: 아~ 그렇구나.


아이들이 스스로 책을 읽기 시작할 무렵부터 저희 집에서는 '1일
선생님 놀이'가 시작되었습니다. 아이들은 자기가 잘 알고 좋아하는

분야에 관한 책을 읽고, 가족 앞에 나가 이야기하는 시간을 좋아합니다. 베란다로 이어지는 통유리창은 칠판으로 쓰기에 딱 좋습니다. 아이들은 유리창에 보드마카로 글씨도 쓰고 그림도 그리면서 책을 읽고 알게 된 내용을 이야기합니다.

처음 이 놀이가 시작된 것은 사슴벌레, 기린, 사자 같은 친숙한 곤충과 동물에 관한 책을 읽기 시작했을 때였습니다. 아이들이 책을 읽고 인상적인 부분을 이야기하던 것이 마치 놀이처럼 자리 잡았습니다. 1일 선생님 놀이의 방법은 이렇습니다.

❶ 관심 있는 분야의 책 한 권을 재미있게 읽습니다.

❷ 가족 앞에서 선생님이 된 듯 책에서 읽은 내용을 이야기합니다.

❸ 그 뒤 아이가 다섯 개 정도의 퀴즈를 내면 앉아 있던 학생들(나머지 가족)은 종이에 정답을 적습니다. 이때 어른이 일부러 우스꽝스러운 답을 써서 한두 문제 틀려주는 센스를 발휘하면 더 재미있습니다.

❹ 아이가 앞에 서서 말하는 모습을 동영상으로 찍어서 보여줍니다.

❺ 영상을 보며 아이는 자신의 수업을 스스로 평가합니다.

## 아는 것을 말로 다시 익히면 지식이 쌓인다

지식을 가장 잘 습득하는 방법은 다시 말로 전달하는 겁니다. 누군가를 가르치는 경험을 해보면 자신이 그것을 제대로 알고 있는지 확인할 수 있습니다. 고등학교 시절 수학이 어려워 쩔쩔매던 제게 수학을 친절하게 가르쳐주던 친구가 있었습니다. 그 친구는 문제 푸는 방법을 이미 완벽하게 이해하고 있었겠지만, 제게 설명하면서 한 번 더 공부가 되었을 것입니다. 저로서는 완벽하게 아는 친구가 또래의 언어로 설명해주니 더 이해하기 쉬웠고요.

미국 행동과학연구소는 알고 있는 것을 누군가에게 설명하거나 가르칠 때의 공부 효과는 다른 공부법을 월등히 뛰어넘는다고 밝혔습니다. 외부 정보를 습득할 때 학습 활동별로 기억되는 비율이 어떻게 다른지 연구 결과를 볼까요? 교사 중심의 수동적 학습 활동인 '듣기, 읽기, 시청각 수업 듣기, 시범 강의 보기'는 기억되는 비율이 각각 50퍼센트도 되지 않았습니다. 반면 학생 중심의 능동적 학습 활동인 '집단 토의'는 50퍼센트, '실제 해보기'는 75퍼센트, '서로 설명하기'는 90퍼센트의 결과가 나타났습니다. 즉 누군가에게 말로 전달하거나 직접 경험할 때 학습 효율성이 훨씬 높았습니다.

유대인은 이런 연구 결과가 있기 훨씬 오래전부터 이 방법을 사용해왔습니다. 유대인의 도서관인 예시바는 우리가 아는 보통의 도서관과 다릅니다. 흔히 도서관에서는 목소리를 낮추고 정숙한 분위기를 깨지 않는 것이 예의라고 생각합니다. 하지만 예시바에서는 조용히 책을 읽는 사람이 거의 없습니다. 그곳에서는 모두가 두셋씩 짝지어 마치 싸우듯 시끄럽고 격렬하게 토론을 합니다.

유대인의 하브루타 교육법은 질문하고 답하는 가운데 스스로 해답을 찾아가도록 하는 것입니다. 수동적으로 듣기만 하면 자신이 그것에 대해 확실하게 아는지 모르는지조차 모르는 경우가 많습니다. 그런데 습득한 지식을 자신만의 언어로 전달해보면 확실히 알고 있는지, 대충만 알고 있는지, 아니면 아예 이해하지 못했는지를 정확히 알 수 있습니다.

## '배운 것 전달하기'의 교육적 효과

텍사스주립대학교 심리학과 교수이자 '인지심리학의 대가'로 불리는 아트 마크먼Art Markman의 자녀 교육법도 이와 유사합니다. 그는 설명하면서 배우는 학습법을 자녀들의 공부법으로 활용했습니다. 마크먼은 아이들이 어릴 때부터 자잘한 도구의 작동 방법을 알려주고, 다시 아이들에게 들은 것을 설명하도록 이끌었습니다. 아이들이 조금 더 자라서는 과학, 수학, 역사 등 학교에서 배운 것을 자신에게 설명해달라고 했습니다. 물론 과목마다 설명하는 방법은 달랐습니다. 그가 아이들에게 배운 것을 전달하게 한 이유가 있습니다. 자신에게 부족한 부분을 스스로 인지하고, 적극적으로 배움에 참여하기를 유도하기 위해서였습니다.

독서 지도사는 수업을 준비하며 학생이 공부할 책과 같은 책을 읽습니다. 그런데 누군가를 가르치려면 수동적으로 읽을 수 없습니다. 어떻게 하면 학생이 책을 쉽게 이해할 수 있을지 고민합니다. 책을 읽는 내내 머릿속으로 어떤 부분을 강조해서 알려줄지, 어떤 질문을 던져서 학생의 생각을 끌어낼지 계획합니다. 수업할 책을 완벽히 소화하지 못하면 수업 시간에 자신만의 언어로 전달하는 것은 불가능하기 때문이지요. 그런 과정을 거친 후 수업을 했기에 이렇게 읽은 책들은 고스란히 저의 지적 자산으로 남았습니다. 따라서 가족 여행을 가거나, 체험 활동을 할 때, 혹은 생활 속에서 자연스럽게 입 밖으로 나옵니다.

"엄마 아빠, 내가 책에서 봤는데….."

우리 집 식탁에서는 자주 이런 대화가 오갑니다. 아이들은 밥을 먹으며 그날 책에서 본 새롭고 재미있었던 내용을 꼭 한 가지 이상 이야기합니다. 비록 이미 알고 있는 내용이더라도 저희 부부는 늘 새롭다는 듯 신기하다는 듯 반응해줍니다.

"정말? 그런 얘기는 처음 들어봐. 너무 신기하다. 넌 그걸 어떻게 알았니?"

아이들은 이런 반응이 재밌는지 서로서로 자기가 읽은 책 내용을 이야기하기 바쁩니다. 그리고 이런저런 부분이 재미있으니 엄마 아빠도 꼭 읽어보라고 권합니다.

얼마 전까지만 해도 아이들이 권하는 책은 웬만하면 저도 함께 읽었습니다. 그래야 아이와 또다시 이야기 나눌 소재가 생기니까요. 하지만 이제 13세, 11세가 된 아이들이 읽는 책을 다 읽어보기가 벅찹니다. 그래서 아이들이 이야기하는 내용을 정말로 모를 때가 많습니다. 그럴 땐 더더욱 학생이 된 기분으로 최대한 자세히 이야기하도록 질문합니다. 아이들은 질문에 답하면서 책 내용을 한 번 더 상기합니다. 또 자세히 기억나지 않는 대목이 있으면 다시 책을 찾아봅니다. 이런 경험은 다른 책을 읽을 때 좀 더 꼼꼼하게 정독하는 습관을 만들어줍니다.

## 어려운 문제를 풀 때도 '소리 내 읽기'가 통한다!

아이가 문제집을 풀다가 어려운 문제를 만나서 힘들어할 때가 있습니다. 그러면 문제를 소리 내서 읽게 합니다. 그래도 이해가 안 된다고 하면 적절한 부분에서 끊어 읽게 합니다. 그리고 이해한 부분까지 말로 설명하게 합니다. "엄마에게 가르쳐준다고 생각하고 이야기해봐"라고 합니다. 아이 스스로 자기가 생각한 과정을 말로 풀어나가다 보면 어느 순간, '아하!' 하고 이해하기 시작합니다. 그리고 자기가 어느 부분을 이해했고 어느 부분을 이해하지 못했는지 깨닫습니다.

공자는 《논어》 '위정' 편에서 "아는 것을 안다고 하고, 모르는 것을 모른다고 하는 것, 이것이 참으로 아는 것"이라고 했습니다. 그런데 직접 말로 전달하거나 가르쳐보지 않으면 자신이 진짜 아는지, 아는 것 같은 느낌만 있는지 확실치 않을 때가 많습니다.

어린이집, 유치원, 학교에서 아이들에게 선생님은 동경의 대상입니다. 이런 아이의 심리를 잘 이용해 1일 선생님 놀이를 해보세요. 책을 읽고 자신만의 언어로 소화해 누군가를 가르쳐야 한다면 책을 허투루 읽을 수가 없습니다. 초등 고학년일수록 가르치기 방법을 사용하면 보다 효과적으로 책을 읽을 수 있습니다. 아이에게 가르칠 기회를 한 번 주는 것은, 열 번의 가르침보다 백 번의 잔소리보다 훨씬 빠르게 깊은 깨달음을 줄 것입니다.

# 책과 친해지는
# 공간 활용 가이드

미국의 시장 연구가이자 실험 심리학자인 하워드 모스코비츠는 저서 《최고의 석학들은 어떻게 자녀를 교육할까》에서 자신의 어린 시절을 이같이 회상했습니다.

"저는 어렸을 때부터 책에 대한 기억을 가지고 있습니다. 우리 집 거실은 한쪽 벽이 몽땅 책으로 채워져 있었어요. 부모님은 책과 독서를 사랑하는 분들이셨죠. 아버지는 책을 여섯 권이나 쓰셨고 어머니도 늘 책 읽기를 게을리하지 않으셨어요. 아버지와 할아버지, 삼촌 모두 책을 출간하셨어요. (…) 저는 오랜 시간 책을 읽으며 나 자신을 만들어갔습니다. 저는 책에 둘러싸여 살았어요. 마치 책으로 만들어진 세상 같았죠."

그는 어린 시절의 자신처럼 어린 자녀들도 책에 둘러싸여 자라나기를 바랐습니다. 그래서 아이들을 자주 서점에 데려갔고, 서점에서 책을 고르고 사는 경험을 통해 아이들이 책의 세계로 들어오게 되었다고 합니다. 모스코비츠는 책에 대한 사랑을 심어주신 부모님께 감사하고, 책을 사랑하게 된 아이들에게도 고맙다고 말합니다.

반면 저의 어린 시절은 책과 거리가 멀었습니다. 시골에서 농사짓고, 건축업을 하셨던 부모님은 이른 아침부터 저녁까지 때론 밤늦은 시간에도 일하느라 바쁘셨습니다. 부모님이 책을 읽는 모습은 잘 볼 수 없었고, 제가 읽을 수 있는 책은 전래동화와 위인전 한 세트가 전부였습니다. 초등학교 고학년 때까지도 제가 읽었던 책은 집에 있던 위인전과 전래 동화, '말괄량이 쌍둥이 시리즈'를 비롯한 몇 가지 명랑 소설류가 전부였지요.

5학년 때 받은 통지표에는 '독서에 좀 더 신경 써주세요'라는 문장이 적혀 있었습니다. 저는 초등학교부터 중학교 때까지 학교 공부는 꽤 잘했습니다. 말하자면 지식 습득과 암기는 잘했지만, 독서를 통해 생각하는 힘을 기를 필요가 있었던 것이지요.

결혼 후 아이를 잘 키우고자 했던 바람이 저를 책 앞으로 이끌었습니다. 다행히도 당시 접했던 대부분의 육아서에는 아이를 책과 함께 키우라는 조언이 있었습니다. 그래서 아이가 배 속에 있을 때부터 책을 읽어주었고, 저도 책과 가까이하는 시간을 보냈습니다. 아이가 태어난 후 겨우 눈에 힘을 주고 초점을 맞출 때부터 주변에 책을 놓아주었습니다. 배밀이를 하고 기고 걷는 모든 순간에 아이는 책을 장

문해력 강한 아이의 비밀

난감처럼 가지고 놀았지요. 그리고 아이들이 지속적으로 책에 노출
되도록 세 가지 장소를 적극적으로 활용했습니다.

## 1. 도서관

아이가 걷기 시작하면서 도서관을 놀이터처럼 드나들었습니다. 어린
이 자료실에 데려가면 신나게 돌아다니다가 책 한 권 꺼내 표지만 보
고 도로 집어넣는 식이었습니다. 그저 세상에는 이렇게 많은 책이 있
다는 것을 보여주고 싶었고, 아이가 책과 친해지기를 바랐습니다. 아
이가 책에 있는 이야기에 조금씩 흥미를 보이기 시작했을 때부터는
무릎에 앉히고 책을 읽어주었습니다. 그렇게 일찍부터 도서관과의
내적 친밀감을 키워갔습니다.

　아이들이 어느 정도 큰 지금은 가능하면 1~2주에 한 번씩 도서관
을 갑니다. 그리고 읽은 책을 반납하고 새로운 책을 한 아름 빌려옵
니다. 지난번 빌렸던 책을 다 못 읽어도 그냥 반납합니다. 읽었으면
읽은 대로 안 읽었으면 안 읽은 대로 말이지요. 내 손을 거쳐간 책이
있다는 사실이 주는 즐거움만으로도 충분하기 때문입니다. 또 새로
운 책이 주는 기대감을 느끼는 것도 도서관에서 만끽할 수 있는 즐거
움 중 하나입니다.

## 2. 서점

한 달에 한두 번은 아이들과 함께 서점을 갑니다. 서점은 도서관과는

또 다른 매력이 있습니다. 새 책의 빳빳한 종이를 가장 먼저 펼쳐서
보고 소유할 때의 기분은 책을 빌릴 때와 완전히 다르지요. 더구나
도서관은 어린이 자료실과 종합 자료실로 나누어져 있어서 아이들은
아이 책만 보게 됩니다. 하지만 서점에 가면 온갖 장르의 책들이 가
득합니다. 베스트셀러, 스테디셀러를 비롯해 어른이 읽는 다양한 장
르의 책도 접할 수 있습니다.

서점에서 많은 양의 책을 접하면 책에 대한 시야가 확 넓어집니
다. 세상에 이토록 많은 이야기와 지식이 넘쳐난다는 것을 막연하게
나마 알게 됩니다. 부모가 들추는 책을 보면서 새로운 지식에 대한
호기심도 가집니다. 그러니 서점에 가서 아이 책만 고르지 말고, 엄
마 아빠도 책을 들추고 고르세요. 아이는 그런 부모의 모습을 통해
서점에서 책을 고르고 사는 일을 자연스럽게 배웁니다.

## 3. 카페

우리 가족이 즐겨 찾는 공간이 또 하나 있습니다. 바로 카페입니다.
특별한 일정이 없는 주말에는 온 가족이 책 한 권씩을 들고 북카페,
베이커리 카페 등으로 향합니다. 그곳에 가면 일단 아이들이 좋아하
는 디저트와 음료를 주문해서 맛있게 먹습니다. 그리고 한두 시간 정
도 각자 가져간 책을 읽습니다. 책과 맛있는 디저트와 음료, 예쁘고
편안한 공간이 주는 특별한 느낌을 연결 짓는 시간입니다. 아이들은
그 시간 동안 책을 읽고 학교에서 내준 독서록 숙제까지 함께 해치울

수 있으니 좋아합니다. 그 공간과 시간을 경험하기 위한 것이니, 책을 다 못 읽어도, 조금 읽어도, 읽다가 잠이 들어도 그것대로 의미가 있습니다.

카페의 커피 머신 소리, 사람들의 적당한 말소리, 식기류 부딪치는 소리 등은 오히려 책에 대한 집중력을 높입니다. 실제로 2012년 일리노이대학교 연구팀은 '적절한 소음이 집중력과 창의력을 높인다'는 연구 결과를 발표했습니다. 또 카페에 가면 책을 읽거나 공부하거나 노트북으로 무언가 작업하는 사람들이 흔합니다. 그런 모습도 아이에게는 색다른 자극이 됩니다. 옆 사람이 집중하고 있는 모습을 보면 같이 집중력이 높아지는 '집중력 전염 현상'도 경험합니다.

○○○

거실의 서재화도 좋고, 한쪽 벽을 책으로 장식하는 것도 좋은 전략입니다. 그리고 아이가 책과 더 친해지기 원한다면 그럴 수 있는 공간으로 아이를 데려가세요.

아이에게 친구들과 만날 기회도 주지 않고, 무작정 친구들과 잘 지내라고 할 수는 없듯, 아이가 책과 친해지려면 다양한 공간과 다양한 상황에서 책을 자주 접해야 합니다. 도서관, 서점, 북카페, 동네 카페, 새로 생긴 멋진 도서관도 일부러 찾아가세요. 처음에는 달콤한 디저트와 음료가 주는 즐거움에 끌려 엄마 아빠를 따라나섰다 해도 괜찮습니다. 도서관이나 서점에서 책을 빌리거나 살 때의 설렘과 순차적으로 일어난 기분 좋은 경험은 아이에게 책에 대한 긍정적인 기억을 남길 것입니다. 문해력이라는 목표 지점에 도달하려면 먼저 책과 친해지는 일은 선택이 아니라 필수입니다.

# 미처 몰랐던
# 전집 제대로 써먹는 법

여러 날 틈나는 대로 인터넷을 열심히 뒤집니다. 그러다 구성도 좋고 가격도 적당한 전집 세트를 찾아 장바구니에 담고 결제 버튼을 누릅니다. 이틀 후 묵직한 박스가 거실에 놓입니다. 엄마가 살펴보니 한 권 한 권이 다 재밌어 보입니다.

낮잠에서 깬 아이가 거실로 나옵니다. 책이 쌓여 있는 곳을 쌩하니 지나가 장난감을 꺼냅니다. 엄마는 아이가 좋아할 만한 주제의 책을 들고 아이 옆에 가서 최대한 관심을 끌려고 애씁니다.

"와~ 이것 봐. 좋아하는 곰이 책에 있네."

"이건 뭐지? 동물 친구들이 뭘 하는 걸까?"

엄마의 노력이 가상해서인지 아이는 책 한 권은 인내심을 발휘해서 들어줍니다. 그리고 책장을 덮자마자 밖으로 나가 놀자며 엄마의 손을 잡아당깁니다. 그렇게 책장의 빈칸이 채워지고 아이에게 외면받은 책 위에 먼지가 쌓여갑니다.

아마도 이런 비슷한 경험을 해본 엄마 아빠가 많으실 겁니다. 그런데 사실 잘 몰라서 그렇지 전집은 장점도 많고 활용법도 다양합니다. 이제부터 전집 제대로 활용하는 법을 알려드립니다.

## 전집의 장점

첫째, 일일이 낱권으로 책 고르는 어려움을 덜어줍니다. 매번 좋은 책을 찾고 고르기란 너무 어렵습니다.

전집은 큰 주제를 잘게 쪼개고 나누어 다양한 주제의 책을 하나의 세트로 만든 것입니다. 그래서 아이의 호기심을 다양하게 자극하고 채워줄 수 있습니다. 아이의 호기심이 구체적으로 어떤 분야를 향하는지 자세하게 파악하기에도 유리합니다. 예를 들어 저희 첫째는 어릴 적 자연 관찰 전집 중 포유류인 사자, 호랑이, 기린, 치타 같은 동물을 좋아했습니다. 이에 비해 둘째는 사마귀, 사슴벌레, 개미, 장수풍뎅이 같은 곤충 책을 즐겨 보더군요. 아이들이 어떤 분야에 관심이 있었는지 알 수 있겠지요.

둘째, 지식 책 읽기에 도움이 됩니다. 지식의 양과 분야가 방대한 사회나 과학, 역사 분야의 경우, 전집으로 전체적인 내용을 한번 아우르고 난 다음 표적 독서가 가능합니다.

예를 들어 사회 동화 전집은 경제, 정치, 사회문화, 지리, 세계,

전통문화 등 다양한 분야가 하나의 전집으로 묶여 있습니다. 각 분야별로 책을 읽으면 아이가 특히 재미있어하는 분야를 알 수 있습니다. 과학 역시 전집을 통하면 과학에 대한 개념을 잡기가 좋습니다. 역사도 전체적인 흐름을 파악할 때 전집이 유용합니다.

## 전집의 단점

한편 비슷하게 생긴 책들이 수십 권 꽂혀 있으면 오히려 아이의 독서의욕을 떨어뜨릴 수 있습니다. 수십 권 중에서 몇 권만이 아이의 선택을 받고, 나머지는 오랜 세월 책장에 꽂혀만 있는 경우도 비일비재합니다.

어떤 집에 가보면 책장에 장르별 전집은 부족함 없이 꽂혀 있지만, 낱권 도서들은 거의 없습니다. 전집을 샀으니 다른 책은 더 이상 사지 않는 것이지요. 이럴 때 책에 대한 아이의 인식은 공부와 다르지 않을 것입니다. 읽고 싶어서 고르고 산 책이 아니라 처음부터 부모로부터 주어진 책더미일 뿐입니다. 그래서 전집은 아이에게 심리적 압박을 주기 쉽습니다. 한 번에 50권에서 많게는 100권까지 책장에 떡하니 꽂힌 책들을 보고 아이는 '저걸 언제 다 읽나?' 하고 막막해할지 모릅니다.

## 우리 집 전집의 100퍼센트 활용법

이런저런 이유로 우리 집 책장 속 전집에 먼지만 쌓여가고 있다면 이렇게 활용해보세요.

## 첫째, 매일 조금씩 읽어준다

전집이야말로 부모가 읽어주어야 하고 읽어주기에 좋은 책입니다.
아이에게 자주 책을 읽어주려고 할 때 전집이 있으면 좋습니다. 적어
도 한 달 분량, 많게는 두 달 이상의 분량이 다음 타자로 대기하고 있
기 때문입니다. 매일 아이에게 한 권을 고르게 하고 그 책을 읽어주
세요. 그렇게 하다 보면 쩍 소리 내며 펼쳐지던 새 책 중에 어느새 손
때도 묻고 책장이 너덜너덜해지는 책도 생깁니다. 그리고 너덜너덜
해지는 그 책이 바로 아이의 취향이고 관심 분야입니다.

## 둘째, 수학, 사회, 과학의 예습 · 복습용으로 활용한다

수학 동화는 1학년 때부터, 사회 · 과학 동화는 3학년 때부터 교과 과
정과 직접 연계됩니다. 학교 진도를 미리 알아두거나 아이에게 그날
무엇을 배웠는지 물어보세요.

"오늘은 사회 시간에 뭐 배웠어?" 학교에서 사회 수업을 한 날, 아
이에게 물어보세요. "교통수단이 과거부터 지금까지 어떻게 변화해
왔는지에 대해서 배웠어." 만일 아이가 이렇게 이야기했다면 사회 전
집에서 이동 수단에 관한 책을 함께 찾아보는 겁니다. 책은 구석기
시대의 이동 수단인 사람의 두 발부터 신석기 시대의 말을 거쳐 바퀴
가 발전한 과정, 자동차, 기차를 거쳐 비행기와 우주 비행선까지 교

문해력 강한 아이의 비밀

과서보다 훨씬 자세하고 재미있게, 그림까지 곁들여 이야기를 들려줍니다. 아이는 학교에서 배운 내용을 한 번 더 떠올리면서 교과서를 통해 배우지 못한 다양한 지식까지 얻습니다. 복습과 동시에 확장 독서를 하는 것입니다.

## 셋째, 아이와의 대화 소재로 활용한다

아이가 학교와 학원에서 보내는 시간이 길어질수록 부모와의 대화거리가 부족해집니다. 부모가 "오늘은 뭐 했어?", "뭐 배웠어?"라고 물어도 학교생활에 대해 자세히 이야기해주는 아이는 흔하지 않습니다. "몰라", "기억이 안 나"라고 얼버무리고 넘어가지는 않나요?

그렇다면 아이의 진도에 맞는 책을 읽어보세요. 또는 그런 책을 아이와 함께 읽어도 좋습니다. 그러면 아이와 이야깃거리가 생깁니다. 대화의 물꼬를 트는 거죠.

> 부모: 오늘 물질에 관한 책을 봤는데 재밌더라.
> 아이: 어, 요즘 과학 시간에 배우는 건데.
> 부모: 설탕을 물에 녹여도 무게가 달라지지 않는다는 게 신기했어.

대화가 시작되면 수업 시간에 무엇을 어떻게 배우는지, 그 수업이 아이에게 어렵지는 않은지, 쉬는 시간에 뭘 하는지 등 궁금한 것들을 하나하나 물어볼 수 있습니다.

아이는 무턱대고 하는 부모의 질문에 친절하게 대답하지 않습니다. 아이가 자랄수록 더 그럴 겁니다. 아이에게도 사생활이란 게 있으니까요. 공감할 수 있는 부분부터 대화를 시작하면 자연스럽게 자기 이야기를 조금씩 털어놓는 순간이 올 겁니다.

**넷째, 아이가 무엇에 관심 있는지 파악하는 용도로 활용한다**

매일 책을 읽어주다 보면 아이가 자주 꺼내는 책이 생깁니다. 책등이나 표지에 아이가 재미있어했던 만큼 스티커로 표시해보세요. 유난히 자주 꺼내는 책, 스티커가 많이 붙은 책은 아이의 관심이 어디를 향하는지 안내하는 나침반 역할을 합니다. 아이의 관심 주제를 파악했다면 이제 낱권의 책을 고르는 일도 수월해집니다. 그 분야의 책으로 연결해주면 되니까요.

○○○

전집이 좋다, 낱권이 좋다 논쟁할 필요는 없습니다. 전집이든 낱권이든 아이의 독서에 잘 활용하면 됩니다. 낱권은 그 책을 고르기 위해 노력이 필요하다면, 전집은 먼지 쌓이지 않고 잘 활용하기 위해 조금 더 노력이 필요할 뿐입니다. 특히 전집은 부모가 읽어주기에 좋습니다. 부모와 아이가 함께 읽고 대화의 소재로, 학교 수업의 예습·복습용으로, 아이의 관심 분야 파악용으로 활용해보세요. 전집 사느라 들었던 비용이 아깝지 않을 겁니다.

# 학습 만화,
## 장점만 쏙쏙 잘 이용하기

　　도서관 어린이 자료실에서 초등 아이들을 보면 거의 99.9퍼센트 비율로 학습 만화를 읽고 있습니다. 도서관에서 학습 만화가 차지하는 비율은 그다지 높지 않는데도 말입니다. 수없이 많은 그림책과 동화책으로 둘러싸인 그 공간에서 아이들이 보는 책은 왜 학습 만화밖에 없을까요? 게다가 그 많은 책 중에서 왜 학습 만화는 유난히 더 책장이 너덜거리고 찢어져 있는 등, 본 흔적이 많이 남아 있을까요?

　　학습 만화는 이해하기 쉽고 재미있습니다. 개성 강한 캐릭터와 빠른 전개, 그림만으로도 파악이 되는 줄거리 때문에 쉽게 책장이 넘어갑니다. 그런데 학습 만화에 대한 어른들의 의견은 분분합니다.

## 학습 만화를 반대하는 이유 vs
## 학습 만화를 허용하는 이유

먼저 학습 만화를 반대하는 쪽의 논리는 이렇습니다. 학습 만화는 흥미를 돋우는 것이 목적이라는 것입니다. 따라서 지식을 얕게 습득하게 하고, 정확하게 알지 못함에도 안다고 착각하게 만든다는 거지요. 글은 자세하지 않은 데 비해, 그림은 매우 구체적으로 묘사되어 있어 빠르게 읽게 된다는 점도 문제로 꼽힙니다. 그림만으로 줄거리 파악이 가능하니 책을 건성으로 읽는 나쁜 습관이 생길 수 있습니다. 무엇보다 학습 만화만 보고, 글이 많은 책은 아예 관심이 없거나 읽으려고 시도하지 않는다는 점이 가장 큰 문제입니다. 부모가 처음에는 그거라도 보는 게 어디냐며 학습 만화를 허용했다가도, 어느 순간 욱하며 학습 만화를 치워버리는 것은 이 때문이 아닐까요.

반면에 학습 만화를 허용해주어야 한다는 쪽의 논리는 이렇습니다. 학습 만화는 긴 줄글 책으로 넘어가는 마중물 역할을 한다는 것입니다. 학습 만화를 재미있게 읽는 아이들은 책 자체를 좋아하게 되고, 결국은 줄글 책도 잘 읽게 된다는 의견입니다. 또 학습 만화를 통해 상당량의 어휘력과 배경 지식이 쌓인 아이는 줄글 책도 수월하게 읽어낼 수 있다고 합니다. 이용하기에 따라서는 아이의 호기심을 발견할 수도 있고, 호기심을 채워주기 위해 더 깊은 독서로 이끄는 다리 역할도 할 수 있습니다.

## 문해력이란 렌즈로 문제를 들여다보면

두 의견이 다 맞는다고 한다면 줏대가 없는 걸까요? 결국 학습 만화를 찬성하는 견해와 반대하는 견해가 동일하게 지향하는 지점은 고차원의 문해력과 사고력입니다. 그러기 위해 먼저 책을 좋아하게 만들어 점차 긴 글밥, 다양한 주제의 글도 잘 읽어내는 힘을 기르고자 하는 것이고요. 어떤 방법으로 길러낼지, 독서에 대한 재미를 어느 지점에서 느끼게 만들지에 대한 약간의 견해차가 있을 뿐입니다.

그러나 학습 만화를 허용해도 되지만 초등 6년 내내 학습 만화만 봐도 괜찮다고 주장하는 사람은 아무도 없습니다. 두 의견이 향하는 목표 지점은 책을 읽어서 탄탄한 문해력을 기르는 일인데, 학습 만화만으로는 충분치 않다는 것이지요.

물론 학습 만화에는 장점이 많습니다. 아이가 이해하기 어려운 역사나 과학, 동화, 신화 등의 이야기에 좀 더 쉽게 다가가도록 합니다. 또 만화에는 기발하고 톡톡 튀는 표현들이 많이 쓰입니다. 그래서 만화를 많이 읽은 아이는 정형화된 표현을 깨는 재치있고 재미있는 표현을 곧잘 사용합니다. 하지만 학습 만화의 빠르고 극적인 전개와 짧은 문장에 익숙해진 아이는 비슷한 주제를 다루고 있다 해도 줄글 책 읽기는 어려워합니다. 전개가 느리거나 그림만으로 내용 파악이 되지 않으면 책장을 휘리릭 넘기고 덮어버립니다. 지루한 서사를 못 견디는 겁니다. 이럴 때는 학습 만화를 허용하되 줄글 책도 함께 읽게 하는 방법을 써보세요.

## 감동 있고 재밌는 줄글 책으로 승부하라

줄글로 된 책에 좀 더 흥미를 느끼도록 자꾸 노출시키는 전략입니다. 이 전략을 직접 저희 둘째 아이에게 적용해봤습니다.

- '마법 천자문 시리즈'를 좋아하는 아이에게 한자 동화책도 보여주었습니다.
- 도서관에서 '판타지 수학대전 시리즈'와 '수학도둑 시리즈'를 빌리는 권수는 두 권으로 제한했습니다. 대신 그것보다 많은 양의 수학 동화를 빌렸습니다.
- '역사도둑 시리즈'에 빠져 있을 때는 '한국사 편지 시리즈'를 읽어주었습니다.
- 과학 잡지에서 만화만 찾아서 보면, 그 주제를 다루는 과학 동화를 찾아서 함께 읽었습니다.
- 코믹과 유머, 중독성이 강한 줄글 책을 추천했습니다. '빤쓰왕과 사악한 황제 시리즈', '코드네임 시리즈', '천하무적 개냥이 수사대 시리즈', '엽기 과학자 프레니 시리즈', '삼백이의 칠일장 시리즈' 등 제목만 봐도 "아! 웃기겠다!" 싶은 책 위주로 골랐습니다.

그러자 만화 캐릭터만 좋아하던 아이가 어느 날부터 이야기책의 캐릭터에도 매력을 느끼기 시작했습니다. 실제로 만화보다 더 재미있는 이야기책이 정말 많은데, 아이는 그런 책의 존재를 몰랐던 겁니

문해력 강한 아이의 비밀

다. 당장 눈에 띄고, 읽기에 쉬워 보이는 책을 골랐을 뿐인 거죠. 그렇다고 만화책에서 멀어졌느냐 하면 그건 아닙니다. 지금도 도서관에서 빌리는 책 중 한두 권은 만화책입니다.

세계적인 언어학자인 스티븐 크라센 교수는 저서 《크라센의 읽기 혁명》에서 "만화책이 아이들의 언어 발달에 해롭지 않다"고 밝혔습니다. 만화책만 읽어도 어느 정도 어휘력과 독해력을 발달시킬 수 있다며 만화책에 대해 긍정적으로 평가합니다. 하지만 더 높은 차원의 문해력을 기르고 더 능숙한 독자가 되기에는 만화책만으로는 부족하다고 합니다. 학습 만화의 한계입니다. 학습 만화는 더 높은 차원의 읽기로 가는 과정에서 거쳐 가는 다리일 뿐이지 거기서 독서가 끝나면 안 된다는 것이지요.

그러면 그 목표 지점까지 아이 혼자서 도달할 수 있을까요? 학습 만화를 보든 안 보든 아이 혼자서 도달하는 것은 어렵습니다. 학습 만화를 읽다가 아이 스스로 줄글 책으로 자연스럽게 넘어가는 예도 있습니다. 그전부터 책 읽기의 재미를 알고 있었거나, 다른 책도 충분히 읽고 있던 아이일 확률이 높습니다. 그게 아니라 이제 막 책 읽기에 재미를 붙이는 아이라면 학습 만화를 접하는 시기를 조금 늦추는 것이 좋습니다. 이미 학습 만화를 접해서 자꾸만 학습 만화만 읽으려고 할 때는 좀 더 적극적인 부모의 개입이 필요합니다. 학습 만화 외에도 재미있는 책이 많다는 것을 아이에게 알려주세요.

## 부모 생각을 진심으로 전하는 것도 방법!

아이와 학습 만화의 특징에 관해 이야기를 나누는 것도 좋습니다. 아이의 독서가 어떤 방향으로 발전하면 좋겠는지 부모로서 솔직한 마음을 전하세요. 무작정 학습 만화를 제한하거나 금지하거나 처분해 버리면 반발심이 생겨 아이가 아예 독서를 멀리할 수도 있습니다. 그러니 가장 먼저 아이의 마음에 공감해주세요.

"만화책 재밌지? 인물들도 개성 있고, 사건도 빨리 진행되고 극적이니까 얼마나 재밌을까?"

마음이 거부당하고, 자신의 취향이 별로라는 평가부터 받고 나면 다음에 어떤 말을 들어도 수용하고 싶은 마음이 들지 않습니다. 아이의 마음에 충분히 공감해주고 나서 줄글 책과 만화책을 비교합니다. 줄글 책에서는 한두 문장으로 길게 표현할 내용도 만화책에서는 '윽, 얍, 헐, 흐억' 이렇게 한 단어나 한두 음절로 줄여버리고 그림으로 다 표현한다는 것을 알려주세요. 아이와 그런 장면을 같이 찾아보고 짧게 줄인 말을 한두 문장으로 늘리는 놀이를 해보세요.

그리고 아이가 상상력을 키워가는 독서, 어떤 글도 잘 읽어내기 위해 단계를 밟아 올라가는 독서를 하면 좋겠다고 말하세요. 저는 아이들에게 "해리 포터 책을 재미있게 읽었지만 영화를 보고 나서 실망했어"라고 솔직한 감상을 이야기해주었습니다. 책을 읽을 때 제 상상 속 호그와트 마법 학교는 영화보다 훨씬 더 웅장하고 근사한 공간이었습니다. 하지만 영화는 그에 못 미치는 스케일이었던 거죠. 갑자기

문해력 강한 아이의 비밀

이야기가 확 쪼그라드는 기분이었습니다. 만화 역시 아이가 상상할 여지를 조금밖에 주지 않는다는 점을 짚고자 이렇게 말한 것입니다.

학습 만화의 문제는 학습 만화만 보는 현상에 있지 않습니다. 재미있는 책은 그것밖에 접해보지 못한 환경에 있지요. 세상에는 재미있고 감동적인 그림책과 동화책이 너무 많은데 아이는 그걸 알 기회가 없었던 겁니다. 그럼 이제 아이에게 학습 만화를 허용하느냐 마느냐의 문제보다 그 세계를 거쳐서 다른 흥미진진한 책의 세계로 안내하느냐 그 세계에 갇혀 있도록 그냥 두느냐의 문제가 되는 겁니다. 여러분이 부모로서 아이의 독서가 향해야 하는 방향을 놓고 고민하면 좋겠습니다.

# 메타 인지를 기르는
# 독서록 쓰기

읽은 책에 대해 깊이 있게 생각하고, 사고를 확장할 방법 중 가장 직접적인 것은 독서록을 쓰는 것입니다. 책을 읽고 나면 그 책에 대해 다 이해한 것 같습니다. 푹 빠져 읽은 책은 충분히 즐겼다고 생각하며 만족스럽게 덮습니다. 그런데 정말 아이러니하게도 한 달만 지나도, 아니 일주일만 지나도 그 책이 어떤 내용이었는지 가물가물합니다. 대강의 줄거리는 기억나도 책을 읽을 때의 생각과 느낌은 백지처럼 하얗게 변해버릴 때가 많습니다.

그런데 독서록이나 간단한 기록만 남겨도 다릅니다. 그 기록이 책에 대한 기억을 다시 소환해냅니다. 마치 영화에서 과거 회상 장면을 보는 것처럼 '책에 이런 내용이 있었지', '그때 이런 생각을 했지' 하고 기억할 수 있습니다. 기록을 남긴다는 것은 잊게 될 기억을 종이 위

문해력 강한 아이의 비밀

에 박제하는 일입니다. 독서록을 쓰면 알게 된 것을 명확하게 그리고 오랫동안 기억하게 됩니다. 독서록에 쓰지 않았거나, 모호하거나, 잘못 이해하고 쓴 문장을 보면 자신이 무엇을 모르고, 무엇을 잘못 이해했고, 무엇이 헷갈리는지 알 수 있습니다.

그저 반복적으로 읽기만 해도 안다는 느낌은 받을 수 있습니다. 그러나 실제로 자신이 그것을 남들에게 설명할 수 있을 만큼 아는 걸까요? 이럴 때는 직접 말로 가르쳐보거나 글로 써봐야 안다는 느낌만 있는지, 실제로 아는지 구분할 수 있습니다.

## 상위권 아이들에게 높게 나타나는 메타 인지

이렇게 '내가 아는 것이 무엇이고, 모르는 것이 무엇인지를 아는 능력'이 메타 인지입니다. 마치 영혼이 유체 이탈해서 저 높은 곳에서 내려다보듯 제삼자의 관점에서 나를 관찰하고 파악해서 스스로에 대해 아는 것이지요.

메타 인지는 공부할 때 매우 중요하게 작용하는 능력입니다. 메타 인지가 높은 아이는 지식을 습득하면 자신의 언어로 소화해서 남에게 설명하고 가르칠 수 있습니다. 우리가 흔히 상위권이라고 칭하는 아이에게서 볼 수 있는 모습입니다. 메타 인지가 낮은 아이는 배우고 익히는 과정에서 이해하기보다 암기하려 합니다. 자신이 무엇을 알고 있고, 무엇을 모르는지 모르기 때문에 외우려고 드는 겁니다. 하지만 제대로 이해하지 못한 지식은 조금만 응용이 되어도 전혀 모르는 지식이 되어버립니다.

## 메타 인지를 기르는 독서록 쓰기

독서록을 쓰는 일은 메타 인지를 길러주는 좋은 방법이지만, 무작정 쓰는 것은 소용없습니다. 스스로가 무엇을 알고 무엇을 모르는지 생각하면서 써야 하고, 글에도 그것이 드러나야 합니다. 그래야 독서록을 통해 자신을 객관적으로 파악할 수 있습니다.

메타 인지를 기르는 독서록을 쓰는 방법은 크게 다섯 단계로 설명할 수 있습니다.

**1단계 책을 읽기 전 생각을 기록한다**

책 표지나 제일 앞장에 포스트잇을 붙여 간단하게 생각을 적으면 좋습니다. 책에 관한 생각은 다양할 수 있습니다. 단순히 제목과 표지에 대한 느낌을 쓰거나 조금 더 구체적으로 쓰는 것이 책을 읽은 후의 생각과 비교하기 좋습니다.

- 주제나 제목에 대한 사전 지식
- 주제나 제목에 대한 자신의 경험
- 표지를 보고 책 내용에 대해 짐작한 내용
- 주제나 제목에 대한 평소의 생각
- 주제와 관련한 호기심이나 질문

- 이 책을 읽게 된 동기나 목적

**2단계** **책을 읽고 나서 독서록을 쓸 때 읽기 전과 비교해서 쓴다**

독서록을 쓸 때 느낀 점을 쓰는 일이 아이에게 가장 난코스입니다. '재미있었다', '감동적이었다', '슬펐다' 정도의 표현을 벗어나기 쉽지 않습니다. 구체적이고 아이만의 생각이 담긴 감상을 쓰게 하고 싶다면 책을 읽기 전과 후를 비교해봅니다.

- 책을 통해 새롭게 알게 된 지식
- 책 내용 중 자신의 경험을 떠오르게 한 부분
- 책을 읽고 달라진 생각
- 책을 읽으면서 찾은 질문에 대한 답
- 책 읽기의 목적이 달성되었는지 여부
- 이해되지 않았거나, 해결되지 않은 호기심

**3단계** **여러 방법으로 감상을 구체적으로 풀어낸다**

구체적인 감상은 책을 덮고 나서 떠오를 수도 있지만, 책을 읽는 도중 문득문득 떠오르는 경우가 많습니다. 이때 감상을 책의 여백에 적어도 좋고, 문장에 줄을 긋고 그 아래에 적어도 좋습니다. 포스트잇이나 메모지를 이용해도 되고요.

- 인물에 대한 평가

- 자신에게 적용하고 싶은 내용

- 뒷이야기 상상

- 작가나 이야기 속 인물에게 하고 싶은 말

- 가장 흥미로운 부분과 이유

- 책 내용에서 아쉬웠던 점

- 기억하고 싶은 문장과 그 문장에 대한 생각

- 더 궁금하고 알고 싶은 내용

### 4단계 독서록을 쓰고 나면 소리 내 읽는다

아이는 힘들게 독서록을 쓰고 나면 "다 썼다!"라며 얼른 덮습니다. 아니면 선생님이나 부모님에게 바로 들고 가서 '검사'를 받습니다. 빨리 덮은 마음도 이해가 되고, 검사받을 때의 초조함도 이해가 됩니다. 그래서 더더욱 아이가 독서록을 소리 내 읽어보아야 합니다. 소리 내 읽으면 책을 통해 알게 된 내용이 한 번 더 머릿속에 각인됩니다. 또 어색한 표현이나 문장을 스스로 발견할 수 있습니다.

### 5단계 아이 스스로 고쳐 쓴다

부모님이나 선생님의 첨삭은 자칫 아이가 글쓰기에 주눅 들게 만들 수도 있습니다. 하지만 스스로 자신의 글을 평가하고 고쳐본 아이는 글쓰기에 대한 자신감이 생깁니다. "이 정도면 잘 썼다"라며 자신을 한껏 칭찬하기도 하고, 어색한 부분을 찾아내고 뿌듯해하기도 합니다. 자신의 글에 대한 평가를 스스로 함으로써 자신을 객관화해서 보는 메타 인지를 높일 수 있습니다.

ᵒᵒᵒ

이렇게 다섯 단계를 거쳐 독서록을 쓴다면 책을 통해 무엇을 배웠고, 무엇을 알게 되었는지 돌아볼 수 있습니다. 이것이 메타 인지를 기르는 방법입니다. 하지만 매번 이런 단계를 거쳐서 책을 읽고 독서록을 쓰는 것은 쉽지 않습니다.

　일주일에 한 권 정도만 아이가 이 과정을 거쳐 책을 읽도록 해주세요. 평소와 다른 책 읽기 방법을 시도할 때는 부모가 옆에서 포스트잇이라도 떼어주며 응원하는 것이 좋습니다. 따뜻한 응원을 받으며 반복해서 연습하면 아이도 방법을 알게 되어 다른 책도 같은 방법으로 읽고 쓰게 될 것입니다.

# 창의성에 날개를 달아주는
# 연결 확장 질문법

"엄마는 똥 맛 카레를 먹고 싶어, 아니면 카레 맛 똥을 먹고 싶어?"
"아빠는 사람으로 1년만 살고 싶어, 아니면 개로 오래 살고 싶어?"
"엄마는 투명 인간으로 하루만 산다면 뭘 제일 해보고 싶어?"

유대인은 독서 토론을 하며 밥상머리 교육을 한다는데, 저희 집 밥상머리에서는 주로 아이들의 엉뚱하고 더러운 질문이 빗발칩니다. 이럴 때 저희 부부가 "도대체 그런 생각은 왜 하는 거야? 더럽게! 밥이나 먹어!"라고 다그쳤다면 아이들은 더는 이런 질문은 하지 않았을 겁니다. 특히 저는 이런 질문들에 최대한 궁서체로 대답해주려고 노력합니다. 하지만 정말 대답하기 쉽지 않습니다. 한참을 고민하는 척하다가 "그래도 똥보다는 음식을 먹어야 하지 않을까"라며 진지하게

문해력 강한 아이의 비밀

답해줍니다. 그리고 아이들의 생각은 어떤지 물어봅니다. 그러면 아이들은 "나는 똥 맛 카레면 먹을 수 있을 것 같아. 왜냐하면 책에서 봤는데…", "텔레비전에서 봤는데…" 등등 온갖 보고 들은 것을 동원해서 나름대로 타당성과 가능성을 증명하는 이야기를 합니다. 그런 이야기를 늘어놓는 동안 아이들의 상상력이 샘솟습니다. 책에서 읽은 것, 경험한 것, 보고 들은 것을 엉뚱한 이야기를 뒷받침할 근거로 사용할 때 창의성이 자랍니다.

## 창의성이란 경험을 새롭게 연결하는 것

'새롭고 독창적이고 유용한 것을 만들어내는 특성.' 이것이 창의성의 사전적 정의입니다. 세계적으로 스마트폰을 대중화시키고 혁신의 아이콘이 된 애플의 창업자 스티브 잡스Steve Jobs는 창의성에 대해 이렇게 말했습니다.

"창조는 그냥 여러 가지 요소를 하나로 연결하는 것입니다. 창의력은 그들이 경험했던 것을 새로운 것으로 연결할 수 있을 때 생겨나는 것입니다."

요컨대 창의성은 '연결'이라는 것입니다. '무'에서 '유'를 창조하는 게 아니라, 이미 존재하는 '유'들을 연결해서 새로운 것을 만드는 게 창의성입니다.

지금까지 문해력을 기르는 여러 갈래 길, 미디어와 독서를 연결하는 법 등 독서를 확장하는 다양한 방법을 이야기했습니다. 이런 활동들은 문해력을 기르는 방법인 동시에 창의성을 기르는 방법입니다.

학자들은 책을 쪼개고 나누고 분류하고, 다른 지식과 재결합함으로써 새로운 이론을 만들었습니다. 사상가들은 책을 분석하고 비판하면서 얻은 깨달음으로 인간에 대한 새로운 사상을 전파했습니다. 예술가들은 책을 문화와 연결하고 각자의 삶에 맞게 체화함으로써 새로운 작품과 문화를 만들었습니다. 인류가 발전해오는 과정에서 창의성은 이토록 큰 역할을 담당했습니다.

"4차 산업혁명 시대를 살아갈 내 아이를 위한 제1 선택은 '창의력 교육'이다."

영재 및 창의력 교육의 세계 최고 권위자인 김경희 교수는 창의력 교육의 중요성에 대해 이같이 이야기했습니다. 그는 빠르고 복잡하게 변할 미래 사회에 적응하고 따라잡기 위해서는 반드시 창의성이 필요하다고 강조했습니다. 2015 개정 교육과정이 지향하는 교육 목표 역시 '창의·융합형 인재'입니다. 이를 구현하기 위해 제시한 여섯 가지 핵심 역량 중 하나가 '창의적 사고'입니다.

## 확산적 사고로 이끄는 엄마 아빠의 질문법

창의성을 키우는 연결 확장 독서는 구체적으로 어떻게 하는 걸까요? 아이가 책을 읽고 나면 기억력을 발휘해야 하는 질문보다 확산적 사고를 할 수 있는 질문을 하는 것에서 시작합니다. 확산적 사고는 상상력을 발휘하여 미리 정해지지 않은 해결책을 찾는 생각의 방법입니다. 이해를 돕기 위해 초등 중저학년 아이들이 좋아하는《마법의 설탕 두 조각》미하엘 엔데 지음, 진드라 케펙 그림으로 예를 들어보겠습니다. 이 작품의 줄거리는 이렇습니다.

주인공 렝켄이 자기 뜻을 존중해주지 않는 엄마 아빠에게 요정에게서 받아온 마법의 설탕을 먹게 합니다. 설탕을 먹은 엄마 아빠는 렝켄의 뜻에 반대할 때마다 키가 반으로 줄어듭니다. 렝켄은 자신을 돌봐줄 수 없을 만큼 작아진 부모님을 보고 슬픔과 두려움을 느끼고 다시 요정을 찾아가죠. 요정은 렝켄이 마법의 설탕을 먹어야 부모님이 원래대로 돌아올 수 있다고 합니다. 대신 렝켄이 부모님의 뜻에 반대하면 렝켄의 키가 줄어들 것이라고 합니다. 렝켄은 설탕 조각을 삼키지만 렝켄의 키가 줄어드는 일은 일어나지 않습니다. 부모님도 렝켄도 서로의 뜻을 존중하게 되어서죠.

이 이야기를 읽고 나서 아이가 확산적 사고를 할 수 있도록 엄마 아빠는 다음과 같이 질문하면 좋습니다.

### ① 이야기의 상황을 다르게 바꾸는 질문을 한다

- 만약 엄마 아빠가 렝켄의 이야기를 믿지 못하고 계속해서 렝켄의 이야기에 반대했다면 어떻게 되었을까?
- 만약 렝켄이 두 번째 설탕을 삼키지 않았다면 이야기는 어떻게 달라졌을까?
- 만약 렝켄이 두 번째 설탕을 삼킨 후로 평생 부모님의 말씀에

순종만 하면서 산다면 어떻게 될까?

② **아이가 이야기 속 주인공이나 등장인물 중 한 명이 된다면 이야기가 어떻게 전개될지 상상하는 질문을 한다**

    – 네가 만약 렝켄이라면, 요정에게 받은 설탕을 어떻게 했을까?

    – 네가 만약 렝켄이라면, 부모님이 작아지고 나서 어떻게 할까?

    – 네가 만약 렝켄이라면, 부모님이 작아졌을 때 친구가 온다면 어떻게 할까?

③ **등장인물에 대한 도덕적 판단이나 새로운 관점에서 질문한다**

    – 렝켄의 성격은 어떤 것 같니?

    – 렝켄이 마법의 설탕을 부모님의 찻잔 속에 넣은 일에 대해 어떻게 생각하니?

    – 렝켄의 부모님의 성격은 어떤 것 같니?

    – 프란치스카 프라게차익헨 요정은 어떤 요정이라고 생각하니?

④ **아이만의 창의적인 아이디어로 문제를 해결할 방법을 질문한다**

    – 렝켄이 요정을 찾아가지 않고 문제를 해결하려면 또 다른 어떤 방법이 있을까?

    – 마법의 설탕이 키를 반으로 줄어들게 하는 것이 아니라 다른 효력을 가지고 있다면 어떤 것이 좋을까?

– 부모님이 무작정 내 뜻에 반대하지 않게 하려면 어떤 방법이 좋을까?

○○○

정답이 하나로 정해져 있지 않은 질문이 아이의 확산적 사고를 돕고 창의성을 키웁니다. 반대로 아이가 질문을 만드는 것도 좋습니다. '마법의 설탕 두 조각'이라는 답이 나오는 질문을 만드는 거지요. 그림만 보여주고 새로운 이야기를 만들도록 하는 것도 아이의 상상력을 기르는 데 도움됩니다. 책의 내용과 아이의 눈높이에 맞추어 질문을 달리하면 책 읽기에 대한 흥미를 높이는 것은 물론 아이의 창의성까지 키울 수 있습니다.

# 5장

공부 습관을 만드는
습관 플래너

# 습관이
# 천재를 만든다

　　우리가 흔히 천재라고 부르는 사람들, 혹은 역사에 이름을 남긴 사람들은 하루를 어떻게 보냈을까요? 2007년 미국의 경제 전문 매체인 패스트컴퍼니에는 흥미로운 기사가 실렸습니다. 역사에 이름을 남긴 예술가, 작가, 음악가들의 하루 루틴을 소개한 것입니다.

　　오스트리아 음악가 볼프강 아마데우스 모차르트Wolfgang Amadeus Mozart는 아침 6시에 일어나 7시부터 9시까지 작곡을 하는 데 시간을 썼습니다. 나머지 시간은 친구와의 교류나 개인 시간으로 보냈습니다. 오후 5시부터 밤 9시까지 다시 작곡에 매진했다가, 자기 전에 한 시간 더 일했습니다.

　　프랑스 소설가 오노레 드 발자크Honore de Balzac는 저녁 6시에 잠들어 새벽 1시에 깨면 아침 8시까지 글 쓰는 일에 몰두했습니다. 한 시간 30분을 자고 일어나 오후 5시 30분까지 다시 글을 썼습니다.

혹시 이 예술가들에게서 공통점을 찾으셨나요? 파블로 피카소 Pablo Picasso, 임마누엘 칸트Immanuel Kant, 볼테르Voltaire, 찰스 다윈Charles Darwin, 빅토르 위고Victor Hugo 등 놀랍게도 기사에 이름이 언급된 모든 사람의 하루 루틴은 정말 놀랍도록 닮은 점이 하나도 없습니다. 그들이 창조적인 일을 하는 데 사용하는 시간, 잠자는 시간, 휴식 시간은 전부 제각각입니다. 그런데 한 가지 공통점이 있습니다. 그들의 일과는 그래프로 표시할 수 있을 만큼 규칙적이라는 겁니다. 곧 습관적으로 일상 생활을 한 것이 창작의 원천이 된 것이지요.

## 세계적 인물들의 생활 습관 비밀

토머스 에디슨Thomas Edison은 "99퍼센트의 노력과 1퍼센트의 영감"이라는 명언을 남겼습니다. 그런데 에디슨은 그 1퍼센트의 영감을 찾기 위해 3,400여 권의 노트를 썼습니다. 그는 아이디어가 떠오를 때마다 노트에 적곤 했습니다.

미국 소설가 스티븐 킹Stephen King은 저서 《유혹하는 글쓰기》에서 "그 1퍼센트의 영감조차 매일 같은 시간에 같은 일을 반복해야 찾아온다"고 말합니다. 한국인이 가장 좋아하는 외국 작가로 선정된 프랑스 소설가 베르나르 베르베르Bernard Werber. 그는 16세부터 아침마다 네 시간씩 글 쓰는 습관을 들였습니다. 일본 작가 무라카미 하루키도 매일 원고지 20매를 쓰는 것을 원칙으로 정하고 이것을 반복해왔습니다.

언뜻 예술가는 길을 가다가 불현듯 영감을 떠올리고, 즉흥적이고 불규칙한 생활을 할 듯합니다만, 이런 사실들을 볼 때 정말 뛰어난 예술가는 오히려 자신만의 규칙과 일정한 생활 습관이 있다고 보아야 할 것입니다.

## 결국 내가 만든 습관이 나를 만든다

많은 일의 성공 여부는 그 일이 습관이 되느냐 그렇지 않으냐 여부로 결정됩니다. 지금까지 아이를 위한 문해력 교육의 다양한 방법을 이야기했지만, 이 방법들을 습관으로 만들지 않으면 성공하기 어렵습니다.

"처음에는 우리가 습관을 만들지만, 그다음에는 습관이 우리를 만든다"라는 말이 있지요. 어떤 일이든 성과를 얻기 위해서는 첫 발걸음을 떼야 합니다. 쉼 없이 꾸준히 이어나가는 노력도 필요하지요. 하지만 무언가를 하기 위해 매번 의지력을 발휘한다는 것은 너무나 힘듭니다.

예를 들어볼까요? 오늘부터 아이에게 문해력 교육을 시작한다고 가정하겠습니다. 오늘은 유난히 몸 상태도 좋고 첫날이니 글밥이 제법 되는 이야기책 한 권을 읽어주었습니다. 다음 날은 병원도 가고 마트도 가느라 바빠서 책 읽어주는 것은 건너뜁니다. 그다음 날이 되니 피곤해서인지 컨디션이 별로입니다. 오늘은 아이가 책 읽는 것에 신경을 못 썼지만, 내일은 꼭 책을 읽어주리라 다짐합니다. 며칠이 지나 다시 아이의 책 읽기에 신경 쓰려고 하는데, 이제는 아이가 책 읽기에 관심이 없습니다.

이렇듯 문해력 교육은 어쩌다 생각나면 하고, 바쁘고 귀찮으면 건너뛰는 식으로 하면 성공하기 어렵습니다. 매일 조금씩이라도 실천해야 합니다. 꾸준히 책을 읽어주고, 책 읽는 환경을 만들어주고, 재미있는 활동과 책을 연결하는 노력을 지속해야 합니다.

## 뭐니뭐니 해도 부모의 습관이 우선!

따라서 부모의 습관을 만드는 일이 우선입니다. 무슨 일이 있어도 아이가 매일 30분은 책과 함께하도록 책 앞으로 이끌어주는 부모의 습관이 필요합니다.

피겨 여왕 김연아 선수의 어머니는 딸의 훈련을 위해 매일 서너 시간씩 10년간 집과 태릉선수촌, 과천 시민회관빙상장을 오가며 운전하는 일을 반복했습니다. 딸의 스트레칭과 기초 체력 운동 지도도 직접 했습니다. 훈련하는 모습을 잘 관찰하고 분석해서 조언하고, 힘들어하고 짜증 내는 아이를 달래고 어르고 때론 혼내며 코치 역할을 담당했습니다. 그런 노력 덕분에 김연아 선수는 매일 훈련하는 습관을 만들 수 있었던 겁니다. 어릴 때부터 한 분야에 두각을 나타낸 사람 대부분은 그 일을 꾸준히 할 수 있게 도와준 부모가 있었습니다.

다행히 문해력 교육은 그 정도의 노력과 희생이 필요하지는 않습니다. 오히려 아이의 문해력 교육은 온 가족이 가벼운 마음으로 즐겁게 할 수 있습니다. 그렇게 하면 더 효과적이기도 하고요.

## 성공적인 문해력 습관 만들기

그렇다면 문해력 교육의 성공을 위해서는 어떤 습관이 필요할까요? 다섯 가지로 정리해볼 수 있습니다.

첫째, 하루에 15분만 아이에게 책을 읽어주세요.

둘째, 매주 혹은 한 달에 2~3회 아이와 함께 도서관이나 서점에 가세요.

셋째, 아이가 책을 읽고 나면 5분만 이야기를 나누세요.

넷째, 부모도 아이와 함께 30분만 책을 읽으세요. 아이 책도 좋고 어른 책도 좋습니다.

다섯째, 아이가 읽는 책과 연결할 활동을 찾아서 딱 한 가지만 해보세요.

혹시 다 알고 있는 방법이어서 실망하셨나요? 누구나 알고 있다 해도 습관으로 만들기는 어렵습니다. 많은 부모가 "저희 아이가 책을 잘 읽으려면 어떻게 해야 할까요?"라고 물으며 책이나 인터넷으로 꿀팁을 찾습니다. 사실 꿀팁들은 이미 곳곳에 차고 넘칩니다. 그런데도 여전히 비슷한 질문이 반복되는 이유는 그 방법들을 실행에 옮기지 않았거나 한두 번 시도하는 데서 그쳤기 때문입니다. 운동선수가 기본기를 완전히 몸에 익히려면 같은 동작을 오랜 시간 수없이 반복해야 합니다. 이처럼 무엇이든 습관화하려면 무수한 반복이 필요한 것입니다.

그럼 다섯 가지 행동을 언제까지 반복하면 될지 궁금하실 겁니다. 저는 아이와 마주 앉아 대화할 수 있고, 아이가 엄마 아빠의 외출에 따라 나서줄 때까지 해야 한다고 생각합니다. 그 이후의 독서 습관은 아이가 스스로 만들어가는 것입니다.

"습관은 나무껍질에 새겨놓은 문자 같아서 그 나무가 자라남에 따라 확대된다"는 말이 있습니다. 아이의 좋은 습관을 만드는 것은 부모의 습관입니다. 그렇게 만들어진 습관은 점점 커져서 아이의 삶을 좋은 방향으로 이끌 것입니다.

# 독서 습관이
# 곧 공부 습관인 이유

"이 콩알들을 하나씩 통에다가 넣어볼까?"

첫째 아이가 두 살 때 500밀리리터 페트병에 콩을 집어넣는 놀이를 즐겨 했습니다. 콩 한 바가지를 바닥에 뿌려주면 아이는 30분이 넘게 앉아서 작은 손으로 더 작은 콩알들을 하나씩 집어 페트병에 넣었습니다. 또한 아이는 동네 산책에 나섰다가 개미를 발견하면 한 시간씩 개미들의 행군을 구경했습니다. 하수구 구멍을 발견하면 주변에 있는 돌을 찾아와 지칠 때까지 던져넣었습니다.

저는 아이가 한 가지에 빠지면 스스로 그만할 때까지 그냥 두었습니다. 제가 특별히 인내심이 좋았던 것은 아닙니다. 수면 부족과 만성 피로, 출산 후 회복되지 않은 몸으로 인해 힘들었던 당시로서는, 아이가 한 가지 놀이를 오래해주면 그저 고마웠습니다.

**문해력 강한 아이의 비밀**

그렇게 한 가지 행동을 긴 시간 반복하는 동안 뜻밖에도 아이의 엉덩이 힘이 길러졌더군요. 좀 더 성장한 뒤에 아이는 책을 들면 마지막 장을 덮을 때까지 놓지 않았습니다. 보드게임을 한번 시작하면 두 시간을 넘게 해도 지칠 줄을 몰라 오히려 엄마 아빠를 질리게 했습니다. 바둑을 가르쳤더니 한 시간씩 꼿꼿한 자세로 앉아서 바둑을 두었습니다.

아이는 이제 6학년이 되었습니다. 아직 공부를 잘한다 못한다 판단하기는 이른 때입니다만, 매일 해야 할 공부량을 정해서 지켜나가는 모습을 보니 적어도 그 시간만큼은 힘들어하지 않더군요. 공부는 엉덩이 힘으로 한다는 말을 이렇게 실감하고 있습니다.

《손자병법》'군형' 편은 전쟁에 임하는 군대의 유형에 대해 다루고 있습니다. "선승이후 구전先勝而後 求戰." 승리하는 군대는 싸우기 전에 이길 수밖에 없는 조건을 만들어 놓고 싸움을 건다는 뜻입니다. 반면에 패배하는 군대는 철저하게 계산된 시나리오도 특별한 계책도 없습니다. 일단 시작하고 나서 상황에 따라 임기응변으로 대응하려고 합니다. 이렇게 해서는 전쟁에서 이기기 힘듭니다.

독서 논술 수업을 하면서 실제로 정말 살벌하게 하루에 몇 개의 학원을 돌고 와서 지쳐 있거나, 숙제에 치여 밤 12시까지도 못 잔다는 아이들도 여럿 봤습니다. 그런데 그런 아이일수록 공부에 흥미를 못 느끼는 경우가 훨씬 많았습니다. 더 심각한 문제는 그토록 학원을 열심히 다니는데, 정작 읽기 능력은 제 학년에 맞게 발달하지 않았다는 겁니다. 공부에 있어서 이길 수밖에 없는 조건은 학원과 많은 양의 숙제일까요? 그것도 어느 정도 도움이 되겠지만, 저는 무엇보다 필수 조건은 독서 습관이라고 생각합니다.

## 독서 습관과 공부 습관의 공통점

독서 습관이 곧 공부 습관이라고 제가 주장하는 데는 둘 사이에 다음과 같은 공통점이 있어서입니다.

### ① 엉덩이 힘이 중요하다

책 한 권을 읽어내려면 길든 짧든 엉덩이를 붙이고 앉아 있어야 합니다. 공부 역시 책상 앞에 앉아 있어야 할 수 있습니다. 초등학교 1학년 선생님들이 공통으로 이야기하는 입학 전에 준비해야 하는 것이 있습니다. '40분간 엉덩이 붙이고 앉아 있는 습관'입니다. 일단 그게 가능해야 공부를 할 준비가 되기 때문입니다. 독서로 엉덩이 힘이 단련된 아이가 공부할 때 유리한 이유입니다.

### ② 집중하는 힘이 필요하다

책을 읽고 내용을 이해하기 위해서는 집중해야 합니다. 한 문장 한 문장 생각하며 읽어야 이야기의 흐름을 따라갈 수 있고, 중요한 부분을 놓치지 않습니다. 이를 반복하면서 집중력이 길러집니다. 공부할 때 집중력이 필요한 건 두말하면 잔소리지요. 교과서의 내용을 파악하고 수업 시간에 선생님의 말씀을 이해하려면 집중해야 합니다. 책을 읽으며 집중하는 습관이 든 아이는 공부할 때 집중하는 게 어렵지 않습니다.

### ③ 어휘력이 중요하다

책을 읽기 위해서는 낱말의 뜻을 알아야 합니다. 모르는 낱말이 나오면 문장 간의 의미를 파악해서 짐작해야 합니다. 사전을 찾아보거나 어른에게 질문해서 정확한 뜻을 알아내기도 합니다. 어휘력이 쌓일수록 점점 더 길고 복잡한 문장을 읽을 수 있습니다. 공부할 때도 당연히 어휘력이 중요합니다. 지문과 문제를 읽을 때 모르는 어휘가 많으면 이해하기 어렵습니다. 교과서가 알려주고자 하는 바를 완벽히 깨닫지 못하고, 문제에서 요구하는 바를 제대로 이해하지 못하면 문제를 풀어내기 어렵습니다.

### ④ 배경 지식이 중요하다

책을 읽을 때 우리는 배경 지식을 동원해 내용을 파악합니다. 이전의 경험을 떠올리거나 다른 책에서 읽은 내용을 떠올려서 이해하는 것입니다. 즉 이전에 읽은 책이 다음 책의 배경 지식이 됩니다. 이렇게 쌓인 배경 지식은 교과서의 이해를 돕습니다. 사회나 과학처럼 방대한 이론과 사회 현상, 문화 등을 다룬 과목의 교과서는 함축적으로 설명할 수밖에 없습니다. 배경 지식이 많지 않은 아이에게는 사회와 과학이 어려운 이유입니다. 하지만 책을 많이 읽어서 배경 지식이 풍부한 아이는 교과서도 수월하게 이해할 수 있습니다.

### ⑤ 사고력이 길러진다

책을 읽기 위해서는 문해력이 필요합니다. 문해력은 새로운 정보, 지식을 습득한 뒤 이해하고 파악해서 내 것으로 소화하는 능력이지요. 공부도 기본적으로 글을 읽고 이해하는 과정이므로 같은 능력이 필요합니다. 이 과정을 거치면서 생각하는 힘이 길러집니다. 이것이 사고력입니다.

### ⑥ 뇌의 같은 부분을 사용한다

독서와 공부는 둘 다 읽고 이해하고, 추론하고, 비판하는 능력이 필요한 일입니다. 독서와 공부의 과정을 떠올려볼까요? 문장을 읽고, 내용을 이해하기 위해 생각합니다. 배경 지식을 불러오고, 행간의 의미를 파악하고자 추론 능력을 사용하지요. 자신만의 생각으로 비판적으로 읽고, 내용을 기억하려고 노력합니다. 이처럼 독서와 공부는 같은 과정을 거치므로 뇌의 같은 부분을 사용할 수밖에 없습니다.

### ⑦ 성공 경험이 쌓인다

책 한 권을 완독하면 아이는 작은 성공을 경험합니다. 책의 단계를 높여서 읽어내면 성취감, 뿌듯함도 느낍니다. 아이는 작은 성공 경험을 통해 더 큰일에 대한 자신감을 얻습니다. 스스로에 대한 믿음이 생기고 어떤 도전이든 두려워하지 않게 됩니다. 이런 경험은 공부에 대한 자신감으로 이어집니다. 문장을 읽고 이해하는 것이 어렵지 않으니 같은 과정을 거치는 공부도 만만해집니다.

독서를 통해 쌓은 성공 경험이 공부에 대한 태도를 결정짓습니다. 자신감이 있는 아이는 관심 분야가 생기면 과감하게 뛰어들어 공부하고 적극적으로 책을 읽습니다. 내적 동기로 인해 시작된 일이니 자기 주도적으로 책을 읽고 공부하게 됩니다. 또 책을 통해 풍부하게 쌓아놓은 어휘력과 배경 지식은 공부하는 과정을 수월하게 만듭니다. 선순환을 이루는 것이죠.

ㅇㅇㅇ

지금까지 학교 공부를 공부라고 가정하고 이야기했습니다. 하지만 넓은 의미의 공부는 호기심을 해결하고, 관심 분야에 대한 지식과 지혜를 넓혀가는 것입니다. 그런 의미에서 봤을 때 독서는 가장 넓은 의미의 공부라고 해야 옳습니다. 그러니 독서 습관이 잘 잡혀 있다면 공부 습관 역시 잘 잡힐 수밖에 없습니다. 물론 독서를 많이 하는 모든 아이가 학교 공부를 다 잘하리란 보장은 없습니다. 학교 공부를 잘하기 위해서는 교과서를 중심으로 한 공부도 병행해야 하기 때문입니다. 하지만 독서 습관을 잘 쌓은 아이는 공부 습관도 잘 쌓을 확률이 높습니다.

2002년 한국교육개발원에서 고등학교 2학년 학생 5천 명을 대상으로 학습 습관을 조사했습니다. 그 결과, 학교 성적이 3년 연속 상위 10퍼센트 이내에 든 학생들의 특징 중 첫 번째가 이것이었습니다. "어려서부터 독서 습관이 몸엔 밴 '책벌레'다."

이와 함께 한국교육개발원은 "부모가 자녀의 독서 교육에 관한 관심을 가지고 올바른 독서 습관을 길러주었을 때 자녀의 학습 능력이 높았다"고 밝혔습니다. 독서 습관이 곧 공부 습관입니다.

# 부모 잔소리를 잠재우는
## 습관 플래너

유타 바우어 작가의 《고함쟁이 엄마》라는 그림책이 있습니다.

"오늘 아침, 엄마가 나에게 소리를 질렀어요. 깜짝 놀란 나는 이리저리 흩어져 날아갔지요."

엄마 펭귄은 무슨 이유 때문인지 아기 펭귄에게 고함을 질렀고, 그 소리에 놀란 아기 펭귄의 몸은 이리저리 흩어집니다. 머리, 몸, 날개, 부리, 꼬리, 다리가 다 분해된 아기 펭귄은 자기 몸을 찾으려고 돌아다니지만, 분해된 몸으로는 불가능했죠. 사하라 사막에 도착한 아기 펭귄은 엄마가 자기 몸을 다 찾아서 꿰매고 있는 모습을 보게 됩니다. 엄마 펭귄은 말합니다.

"아가야, 미안해."

부모가 눈물 흘리며 반성하게 만드는 장면입니다.

아이들은 날마다 묻습니다. "엄마, 나 뭐 해야 해?" "아빠, 나 이거 해도 돼?" 아니 물어보면 그나마 양반입니다. 학교 갔다 오면 가방을 내팽개치고 놀기 바쁩니다.

"학교 갔다 오면 숙제부터 해야지." "너는 왜 엄마 아빠가 잔소리를 안 하면 안 하는 거니?" "꼭 화를 내야 말을 듣니?" 날 선 부모의 말투에 아이는 주눅이 듭니다. 그런 상태로 시작된 공부가, 가뜩이나 재미없는 공부가 기분 좋게 될 리가 없습니다.

어느 날 문득 저는 '내가 아이들에게 무엇을 어떻게 해야 하는지 가르쳐준 적이 있었나?'라는 생각이 들었습니다. 잔소리만 해댔지 정작 무엇을, 언제, 어떻게, 왜 해야 하는지 차근차근 말해준 적이 없었더군요. 비슷한 상황이 반복되지 않도록 선행할 것을 하지 않았음을 비로소 깨달았습니다.

## 잔소리를 부르는 생활 습관을 체계화하라

부모는 주로 어떤 영역에서 잔소리하게 될까요?

- 외출 후 돌아오면 손발 씻기, 샤워하기, 양치하기 등 위생 습관
- 가방 정리하기, 준비물 미리 챙기기, 전날 미리 가방 싸놓기
- 책상 위와 주변 정리하기, 이불 개기, 가지고 놀았던 장난감이나 물건 제자리에 두기

- 학교 갔다 오면 숙제부터 하기, 복습하기, 학교에서 나누어준 유인물 꺼내놓기
- 책 읽기, 매일 해야 할 공부 스스로 하기
- 학원 시간 미리 숙지하고 있다가 알아서 나가기
- 스마트폰이나 컴퓨터 하는 시간 지키기

학습 습관을 제외하면 대부분은 기본적인 생활 습관입니다. 사실 이런 것조차 일일이 알려주어야 하니 부모 입에서 말이 곱게 나가기가 쉽지 않습니다.

## 과학으로 살펴본 부모 잔소리

〈EBS 다큐프라임 – 어린人권〉 프로그램에서는 조금 특별한 투표를 진행했습니다. 전국의 18세 미만 청소년과 어린이 100명을 대상으로 '부모님이 하는 잔소리'라는 주제로 아이들의 의견을 물어보았습니다. 아이들은 '잔소리 투표소'에 들어가 평소에 부모님이 많이 하는 잔소리에 투표했습니다. 그 결과 정리된 잔소리가 무려 100가지였습니다. 아이들은 잔소리 나무에 걸려 있는 잔소리 카드들을 보며 다자기가 집에서 듣는 잔소리라며 흥분하더군요. 특히 인터뷰에 응한 아이들은 부모님의 말씀은 70~80퍼센트 이상이 잔소리라고 이야기했습니다. 심지어 '일상에서 잔소리를 빼면 0이다'라고까지 생각하고 있었습니다. 부모로서는 아이를 좋은 방향으로 이끌기 위해 했던 말

들이 잔소리로 느껴졌다니 시청자인 저도 서운해지더군요.

국경을 초월하는 잔소리는 잔소리가 뇌에 미치는 영향에 관한 연구를 하기까지 이르렀습니다. 피츠버그대학교에서는 엄마의 잔소리를 아이들에게 들려주고 뇌의 변화를 촬영했습니다. 이때 아이들의 뇌에서는 어떤 변화가 있었을까요? 부정적인 감정을 처리하는 뇌 영역은 활성화된 반면, 이성적 판단을 하는 뇌 활동은 낮아졌습니다. 잔소리의 긍정적 효과는 전혀 없고 부정적 감정만 남는 것입니다.

## 방학이 아니어도 계획표는 필요하다

부모에게도 아이에게도 전혀 도움되지 않는 잔소리를 어떻게 줄여야 할까요? 아이들이 어릴 때 육아서에서 보았던 내용 중 제게 가장 유용했던 조언은 이것이었습니다.

"아이들에게는 확실한 선을 그어주는 것이 필요하다."

되는 것과 안되는 것의 확실한 경계를 알려주고, 가능한 그 원칙을 지키라는 것이었습니다. 그것은 아이도 부모도 쓸데없이 떼쓰고 말리며 에너지를 낭비하는 일을 막을 수 있는 매우 확실한 방법이었습니다.

특히 아이가 초등학생이 되면 경계를 그어주어야 하는 일이 좀 더 많아집니다. 그걸 일일이 말로 하려니 잔소리가 되고, 반복하려니 짜증이 나서 단전에 힘을 주어 고함을 지르게 됩니다.

그래서 초등 아이들에게는 계획표가 필요합니다. 방학 때만 생활 계획표가 필요한 게 아닙니다. 평소에 계획표를 짜보거나, 그걸 지키려고 노력해본 적이 없는 아이가 많습니다. 그런 아이는 방학 계획표를 만들라고 하면 '아침 먹고 공부, 점심 먹고 독서, 저녁 먹고 공부'라는 말도 안 되는, 감히 지키려고 엄두도 못 낼 계획표를 만듭니다. 아이가 이런 말도 안 되는 계획표를 만들지 않도록 평소 생활을 계획하고 관리하는 방법을 알려주어야 합니다.

## 생활 습관과 학습 습관을 잡는 1석 2조 습관 플래너

시중에는 학습 계획을 세워서 지키도록 돕는 스터디 플래너가 많이 나와 있습니다. 이런 플래너를 활용하는 것도 좋지만 스터디 플래너는 학습 계획만 세울 수 있다는 한계가 있습니다. 초등학생은 중고등학생에 비해 학습 계획을 그리 치밀하게 세울 필요가 없습니다. 공부해야 하는 과목의 수도 적고, 지필고사가 정기적으로 있는 것도 아닙니다. 그러므로 시험에 대비해 철저하게 시간 계획을 세우지 않아도 됩니다. 대신 매일 숙제와 복습, 독서가 습관이 될 수 있는 계획은 반드시 있어야 합니다. 또 기본적인 생활 습관을 바로잡을 수 있는 계획도요.

그래서 저는 '습관 플래너'를 만들었습니다. 아이들과 의논해서 매주 지켜야 할 습관들을 스스로 습관 플래너에 쓰게 합니다. 아이들은 스스로 쓴 플래너를 보고 알아서 숙제를 합니다.

저희 집에서 꾸준히 습관 플래너를 사용해본 결과, 습관 플래너는 부모의 잔소리를 잠재웁니다. 아이는 무엇을 어떻게 해야 할지 몰랐고, 안다 하더라도 실천할 힘이 없었을 뿐입니다. 부모도 그저 아이가 잘되길 바라는 마음으로 말했던 건데 그게 잔소리가 되어버린 것이고요. 그러니 아이가 기본적인 생활 습관과 학습 습관을 들일 수 있도록 도와주세요.

아이와 의논해서 학습 계획은 물론, 습관으로 들이면 좋을 사항을 습관 플래너에 적습니다. 그다음은 그 습관들이 몸에 익을 때까지 기다리며 격려하고 응원해주세요. 아이가 잘 지킬 수 있도록 보상도 해주고 칭찬도 하면서 말이지요. 아이가 스스로 만든 습관 플래너의 항목들을 실천하는 과정에서 성취감과 보람을 느끼도록 도와주세요. 그것이 부모의 잔소리로부터 아이를 지키고 부모와 아이의 관계를 망가뜨리지 않는 방법입니다.

# 습관 플래너,
# 이렇게 쓰고 지킨다

습관 플래너에는 어떤 내용을 어떤 방법으로 적으면 좋을까요? 지금부터 습관 플래너 작성하는 방법을 자세히 알려드리겠습니다.

습관 플래너는 '미래의 나, 나의 행복, 나의 건강, 가족의 행복'이라는 네 가지 항목으로 나누어 작성합니다.

## 1. 미래의 나

올바른 습관을 들이는 것은 가장 먼저 '미래의 나'를 위한 일입니다. 아이에게 좋은 습관을 실천하는 시간이 아이의 미래에 긍정적인 영향을 미친다고 이야기해주세요. 이 일을 왜 하는지에 대해 알려주는 것이지요. 그리고 아이와 함께 미래의 나를 위해 어떤 노력을 하면 좋을지 충분히 이야기 나누세요. 아이 역시 미래의 나를 위해서 필요한 습관은 공부와 독서라는 점에 동의할 겁니다.

다음으로는 실천할 방법을 의논합니다. 어떻게를 찾는 과정이지요. 공부 계획은 구체적으로 세우는 것이 좋습니다. '막연하게 수학 한 시간, 영어 한 시간' 이렇게 쓰는 것은 계획이 아니라 할 일을 나열하는 것뿐입니다. 그보다는 수학 문제집 몇 장을 풀지, 그만큼 푸는 데 시간이 얼마나 필요할지 예상해서 적절한 시간에 배정하는 것이 더 좋습니다.

무엇보다 독서 습관은 반드시 포함시키세요. 부모로서 진심으로 아이의 미래가 밝기를 바란다면 독서 습관을 1순위에 두어야 합니다. 그리고 관심 분야에 대해 깊이 알 수 있는 공부가 포함되면 좋습니다. 관심 분야의 독서를 하고 난 뒤 관련 자료를 찾거나 활동을 하는 것입니다. 아이에게도 문제집을 푸는 것만이 공부가 아니라고 이야기해주세요. 진짜 공부는 자신이 호기심을 가지고 흥미를 느끼는 분야가 무엇인지 알고, 그 분야에 관한 공부를 스스로 찾아서 하는 것입니다. 실제로 아이들과 플래너를 작성하다 보면 호기심과 흥미를 느끼는 분야에 관한 공부는 주로 '나의 행복'에 넣을 때가 많습니다. 관심 분야에 관한 공부는 취미나 놀이라고 생각하는 겁니다.

## 2. 나의 행복

미래의 나를 위한다고 해서 현재의 행복을 포기할 필요는 없습니다.

문해력 강한 아이의 비밀

• 습관 플래너 사용 사례

| 3월 2째 주(3월 6일~3월 12일) | | | | | | | |
|---|---|---|---|---|---|---|---|
| **미래의 나** | 월 | 화 | 수 | 목 | 금 | 토 | 일 |
| 독서(1순위) | ○ | | ○ | | ○ | | |
| 독서록 쓰기 | | | ○ | | | | |
| | | | | | | | |
| | | | | | | | |
| | | | | | | | |

| **나의 행복** | 월 | 화 | 수 | 목 | 금 | 토 | 일 |
|---|---|---|---|---|---|---|---|
| 보드게임 | | | | | ○ | | |
| 축구 기술 연습 | | | | | | ○ | |
| | | | | | | | |
| | | | | | | | |
| | | | | | | | |

| **나의 건강** | 월 | 화 | 수 | 목 | 금 | 토 | 일 |
|---|---|---|---|---|---|---|---|
| 10시 30분에 취침 | ○ | ○ | ○ | ○ | ○ | ○ | ○ |
| 씻기 전 줄넘기 100개 | ○ | | ○ | | ○ | | |
| | | | | | | | |
| | | | | | | | |
| | | | | | | | |

| **가족의 행복** | 월 | 화 | 수 | 목 | 금 | 토 | 일 |
|---|---|---|---|---|---|---|---|
| 이불 개기 | ○ | ○ | ○ | ○ | ○ | ○ | ○ |
| 분리수거하기 | ○ | | | | | | |
| | | | | | | | |
| | | | | | | | |
| | | | | | | | |
| | | | | | | | |

공부 습관을 만드는 습관 플래너

사람은 누구나 행복하게 살기를 바라지요. 현재를 희생해서 미래의 행복만을 바라보는 것은 어리석은 일입니다. 아이에게도 자신만의 행복을 추구할 권리가 있습니다. 오늘, 지금 이 순간 아이가 무엇을 하면 즐겁고, 어떤 활동을 하면 행복한지에 대해 이야기를 나누세요. 사소하더라도 매일 자신을 위한 일을 할 수 있도록 도와주세요. 기분을 좋게 만들고, 긍정적인 마음을 가질 수 있도록 돕는 일이면 더 좋습니다.

저희 아이들은 '나의 행복'에 독서, 보드게임, 일기 쓰기, 그림 그리기, 관심 분야에 관한 공부나 취미 활동을 씁니다. 일기 쓰기가 나의 행복을 위한 일인가 갸우뚱할 수 있을 겁니다. 일기 쓰기가 숙제가 아니라 진정한 행복이 되려면 부모가 검사하지 않으면 됩니다. 그래서 저는 아이들에게 일기를 썼는지만 물어볼 뿐 내용은 보지 않습니다. 아이들도 일기장에 하고 싶은 이야기를 쏟아낼 수 있도록요. 일주일에 한 번 학교에 일기 쓰기 숙제를 내야 해도 말입니다. 이래야 일기 쓰기도 나의 행복이 됩니다.

독서 역시 나의 행복을 위한 일이 될 수 있습니다. 이야기책이든, 잡지 책이든 책의 종류에 제한을 두지 않을수록 아이는 책 읽는 시간을 좋아할 것입니다. 행복을 위한 독서 시간에는 과학, 수학 잡지를 보기도 하고, 좋아하는 시리즈물을 무한 반복해서 보는 것도 허락해주세요. 관심 분야의 책을 본다면 더 좋겠지요.

저희 첫째 아이는 코딩에 관심이 있어서 엔트리로 무언가를 만드는 활동이 '나의 행복'에 포함됩니다. 또 자기만의 세계 지도를 그린다거나, 존재하지 않는 지하철 노선도를 그리는 일이 취미 생활입니다. 둘째도 좋아하는 분야가 다양해서 행복을 위한 일들이 엔트리, 그림 그리기, 축구 등 조금씩 바뀝니다. 이렇게 좋아하는 일을 따로 시간을 내어 하게 하는 이유는 자라는 동안 자신이 무엇을 좋아하고, 무엇을 할 때 행복한지 알아가기를 바라기 때문입니다.

창의성은 좋아하는 분야에서 발휘됩니다. 좋아하는 일이 직업이 되면 가장 좋겠지만, 그게 아니어도 괜찮습니다. 좋아하는 일을 스스로 찾고, 즐겁게 해보는 경험이 자기만의 길을 찾는 과정이 되어줄 것입니다.

## 3. 나의 건강

천하를 얻고도 건강을 잃으면 아무 소용이 없다고 하지요. "건강한 몸에 건강한 정신이 깃든다"고도 합니다. 아이가 스스로 건강을 위한 행동을 할 수 있도록 도와주세요. 몸에 좋은 음식을 먹는 것, 건강을 위해 운동하는 것, 일찍 잠자리에 들고 일찍 일어나는 것도 건강을 위한 일입니다. 매일 우유 한 컵을 마시는 일도 건강을 위한 일이지요. 줄넘기, 자전거 타기, 배드민턴 치기 등 아이가 규칙적으로 몸을 움직일 수 있도록 도와주세요.

건강 관리는 자기 관리의 끝판왕 아닐까요? 성공한 사람의 생활 습관을 보면 운동 습관은 늘 빠지지 않고 포함됩니다. 태권도나 검도를 하거나, 수영을 하거나, 축구 클럽에서 한 시간씩 뛰어다니지 않아도, 집에서 혼자서도 얼마든지 운동을 할 수 있다는 것을 알려주세요. 매일 스트레칭을 하고 맨손 체조라도 하는 습관을 들이면 평생 자신의 몸을 돌보며 건강한 삶을 유지할 수 있습니다.

## 4. 가족의 행복

가족은 늘 가까이 있기에 소중한 존재라는 것을 잊고 살기 쉽습니다. 그래서인지 타인보다 가족이 다른 가족을 힘들게 하거나, 상처를 주는 일이 더 많습니다. 가족이 화목하지 않으면 학교생활이나 학업, 친구 관계에도 영향을 줄 수밖에 없습니다. 가족이 화목하기 위해서는 누구 한 사람만의 노력으로는 불가능하지요. 가족 구성원 모두가 서로를 배려하려는 노력이 필요합니다.

아이라고 해서 배려하지 못하는 것이 아닙니다. 아이도 가족을 위해서 할 수 있는 일이 있습니다. 가족을 위해 작은 노력을 하면서 뿌듯함과 돕는 기쁨을 느끼도록 기회를 주세요.

식사 시간 전 식탁에 수저를 놓는 일, 방을 정리하고 청소하는 일, 쓰레기 분리수거를 돕는 일, 신발을 정리하는 일, 반려견의 배변 패드를 갈아주고, 밥을 챙겨주는 일…. 형제끼리 비난하거나 기분 나쁜 말을 하지 않고 사이좋게 지내는 것도 가족의 행복을 위한 일입니다. 아이와 의논해서 우리 가족의 행복을 위한 일이면 어떤 내용을 적어 넣어도 상관없습니다.

문해력 강한 아이의 비밀

제가 제시한 습관 플래너는 저희 아이들을 기준으로 필요한 습관을 네 가지 항목으로 분류했습니다. 그러니 분류 방법이나 항목의 개수를 달리해도 괜찮습니다. 여러분의 아이에게 맞추는 것이 가장 중요합니다. 모든 항목을 반드시 다섯 개씩 꽉꽉 채워서 작성할 필요도 없습니다. 어떤 때는 조금 부족하게, 어떤 때는 다섯 개보다 많게 작성해도 괜찮습니다. 다만 가능한 할 일을 너무 많이 만들지 않는 것이 좋습니다. 특히 처음 습관을 들일 때는 작게 시작해야 합니다. 그래야 쉽게 지치거나 포기하지 않습니다.

습관 플래너에 썼다고 해서 무슨 일이 있어도 반드시 실천하라고 한다면 부담이 될 수 있습니다. 예상치 못한 일이 생기거나, 다른 일을 하느라 그날의 계획을 달성하지 못할 때도 있기 마련이지요. 융통성을 가지고 아이에게 습관 플래너의 항목들이 습관이 되도록 도와주세요.

습관을 들이는 데 효과적인 방법은 적절한 보상입니다. 초등 아이들은 아직은 내적 동기보다는 보상과 칭찬에 더 잘 움직입니다. 보상을 당연하게 여기게 해서는 안 되지만 노력에 대한 대가가 있다는 사실은 아이가 하기 싫을 때도 움직이게 만드는 힘이 되어줍니다.

조선 중기의 학자 율곡 이이는 후학 교육을 위해 집필한《격몽요결》에서 배움이란 특별한 지식을 익히려고 힘쓰는 것이 아니라, "매일 일상생활 속에서 자신이 해야 할 것들을 힘써서 실천함으로써 깨닫는 것"이라고 했습니다. 단순히 국어, 영어, 수학, 사회, 과학을 배우는 것만이 공부가 아닙니다. 그것을 포함해서 일상에서 자신과 주변 사람을 행복하게 하는 일들을 실천하는 삶이 진정한 배움입니다. 진정한 의미의 배움이 습관이 되도록 아이와 함께 습관 플래너를 만들어보세요.

# 습관 플래너로
# 경제 관념 심어주기

대학교 1학년 때의 일입니다. 처음으로 신용카드를 가지게 된 저는 일단 쓰고 나면 나중에 어떻게든 해결할 수 있을 줄 알았습니다. 한 달 용돈이 있었지만 카드로 쓰는 게 편리해서 '일단 긁고 보자'라는 생각이었지요. 그 후 어떻게 되었을까요? 용돈보다 카드 결제 대금이 더 나왔고 몇 달 연체까지 된 걸 부모님께 들키고 말았습니다. 카드는 그날로 싹둑 잘렸고, 취직하기 전까지는 신용카드를 쓸 수 없었습니다.

사실 저는 초중고 12년간 학교에서도 집에서도 돈에 대해 배워본 적이 없었습니다. 그저 용돈은 한 달 안에 모조리 써버려야 하는 돈이라고만 알았지, 그걸 버는 방법도, 현명하게 사용하는 방법도 몰랐던 거죠. 용돈은 공짜가 아니라 부모님이 힘들게 벌어서 주는 돈이라는 사실을 인지하지 못했습니다. 그러니 잘 사용해야겠다는 생각도 못 했을뿐더러 용돈받는 것을 당연하게 여겼습니다.

## 세계 경제 거장의 경제 습관은 아이 때부터 달랐다

세계 경제를 주름잡는 이들 중 상당수는 어릴 때부터 돈을 올바르게 사용하는 경험을 쌓았고, 돈에 대한 좋은 습관을 들였다는 공통점이 있습니다.

워런 버핏은 열한 살 때부터 주식 투자를 시작했습니다. 자신의 용돈으로 조금씩 투자하면서 투자에서는 인내가 중요하다는 사실을 깨닫고 경제와 돈에 더 많은 관심을 갖게 되었습니다.

미국의 석유왕 존 데이비슨 록펠러John Davison Rockefeller는 어머니로부터 검소한 생활 습관을 배웠습니다. 그는 어릴 때부터 용돈을 받으면 꼬박꼬박 용돈 기입장에 기록하는 습관을 들였습니다. 그는 최고의 부자가 된 후에도 가계부를 쓰며 꼼꼼하게 돈을 관리했습니다.

강철왕 앤드류 카네기Andrew Carnegie는 가난한 집안을 돕기 위해 열세 살이 되던 해부터 공장에서 일했습니다. 그는 자신의 부족한 학력을 채우기 위해 더 열심히 일하면서 일찌감치 세상 물정에 눈을 떴습니다. 카네기는 크게 성공한 뒤 재산을 가족에게 물려주지 않고 기부를 통해 사회에 환원했습니다. 돈을 가장 가치 있게 쓰는 방법을 알고 있었던 것이지요.

## 습관 플래너로 금융 지식과 지혜 배우기

경제 문맹, 금융 신생아였던 제게 세상은 그리 녹록지 않았습니다. 그래서 저희 아이들만큼은 어릴 때부터 올바른 경제 습관을 들여주어야겠다고 결심했습니다. 적어도 스스로 돈을 벌어 사용할 수 있는 나이가 되었을 때, 낯선 세상에 홀로 던져진 듯한 막막함과 두려움은 없으면 좋겠다고 생각했습니다. 대신 자신감과 호기심으로 무장시켜주고 싶었습니다. 어른의 세상에서는 돈에 대한 인식이 부족하고 경제에 대해 무지하면 어려움을 겪을 수밖에 없기 때문입니다.

그래서 제가 택한 방법이 습관 플래너입니다. 습관 플래너는 아이에게 좋은 습관을 들여주는 방법이면서 동시에 경제 활동의 수단입니다. 저희 아이들은 습관 플래너를 작성하고 매일 목표를 달성했는지 점검합니다. 매주 일요일 저녁마다 그 주에 목표 달성한 횟수를 계산하고, 거기에 100원을 곱해서 용돈을 받습니다. 예를 들어 아이들이 계획했던 일을 40회 달성했다면 4천 원을 받습니다. 공부와 운동, 집안일 돕기, 취미 생활 등 모든 항목이 예외 없이 100원입니다. 공부하는 것만큼 다른 활동도 중요하니까요. (이 항목별 금액은 각 가정의 문화나 부모님의 가치관에 따라 책정하면 됩니다.)

용돈은 현금으로 주지 않고 아이 이름으로 만들어진 계좌로 바로 입금합니다. 아이들은 그 계좌의 아이 전용 직불카드를 가지고 있고, 스마트폰 앱으로 잔액과 입출금 내용을 확인합니다. 현금으로 100원 단위까지 맞추어 준비하기가 힘들고 돈이 모일 때마다 은행을 가는 일도 번거로워 찾은 방법입니다.

아이들에게 용돈을 그냥 주지 않는 것, 당연한 일을 하는 것에 용돈을 주는 것이 어떤 분들에게는 불편하게 느껴질지도 모르겠습니다. 하지만 저는 아이들이 어릴 때부터 스스로 노력해서 돈을 버는 경험을 하게 해주고 싶었습니다. 좋은 습관이 곧 미래의 부를 만들 수 있다는 것, 좋아하는 일을 하는 것으로도 돈을 벌 수 있다는 것을 알려주는 것이 목적입니다. 스스로 가치를 만들고 노력해야 돈을 벌 수 있다는 것도 아이들에게 가르쳐주고자 합니다.

저는 아이들이 지혜롭게 경제 활동하는 방법을 배우길 바랍니다. 돈을 무조건 아껴 쓰는 것이 아니라, 좀 더 유용한 것과 교환하기 위해 고민하며 현명하게 쓰는 것을 말이지요. 그래서 무조건 저축만 하거나 반대로 있는 대로 다 써버리지 않도록 도와줍니다.

## 세 개의 봉투로 하는 큰돈 관리

부모에게 받는 용돈 이외의 돈은 저희 집에서는 이렇게 관리합니다. 세뱃돈이나 친척에게 받는 용돈 등이 여기에 속합니다. 이것들은 세 개의 봉투에 나누어 넣습니다. 첫 번째 봉투는 '모으기', 두 번째 봉투는 '나누기', 세 번째 봉투는 '쓰기' 봉투입니다.

'모으기' 봉투에 있는 돈은 일정량이 모이면 은행에 가서 입금하고, 아이들 이름으로 된 주식 계좌에서 소량씩 주식을 사서 모읍니다. 주식을 살 때도 어떤 주식을 살지 아이들과 먼저 의논합니다. 대신 아이들 계좌의 주식은 한 번 사면 팔지는 않기 때문에 자주 확인하지 않습니다. '나누기' 봉투의 돈은 기부나 선물 구입같이 자신을 위한 일이 아닌 다른 누군가를 위해 사용할 때 꺼내 씁니다. '쓰기' 봉투의 돈은 자기가 필요할 때 필요한 만큼 사용하게 합니다.

세 가지 봉투에 돈을 나누는 비율은 부모와 의논하지만 최종적으로는 아이들 각자가 정한 대로 넣습니다. 대신 '쓰기' 봉투에만 너무 많이 넣거나 저축에만 다 넣지 않도록 도와줍니다. 돈은 버는 것도 잘 모으는 것도 중요하고, 잘 쓰는 것도 중요하니까요.

대학생 자녀를 둔 한 지인이 "돈도 써본 놈이 잘 쓴다"라는 명언을 귀띔해준 적이 있습니다. 여기서 '잘' 쓴다는 것은 물 쓰듯 마구 써댄다는 뜻이 아니라, 자신의 취향을 파악해서 원하는 것을 현명하게 살 줄 안다는 뜻입니다.

## 습관 플래너로 경제 문해력을 키우자

습관 플래너를 작성하고 그것을 지킨 횟수만큼 용돈을 주는 것은 약속 지키는 것의 중요성을 알려줍니다. 현대 사회는 신용 사회입니다. 약속을 지키지 않으면 신용을 잃습니다. 신용이 없으면 금융사나 국가의 금전적 지원을 받기 어렵습니다. 즉 약속을 잘 지키는 일은 현대 사회를 살아가기에 유리한 조건을 만들어줍니다. 아이가 스스로 하기로 한 일들을 해내는 것은 자기 자신과의 약속을 지키는 것이며, 부모와의 약속을 지키는 것입니다. 약속을 잘 지키는 습관은 천천히

공부 습관을 만드는 습관 플래너

쌓이지 어느 날 갑자기 생기지 않습니다. "세 살 버릇 여든 간다"라는 말은 진리입니다.

습관 플래너를 통해 용돈을 버는 경험은 좋은 습관을 쌓는 데 동기 부여가 될 수 있습니다. 저희 아이들은 행동에 대한 보상으로 용돈을 받는다고 해서 모든 행동을 용돈과 연결 짓지는 않습니다. "이건 해도 용돈 못 받을 테니까 안 할 거야"라고 하지 않습니다. 저희 집에서 실천해본 결과, 아이들은 그렇게 돈에 대해 예민하게 반응하지 않습니다. 오히려 노력해서 받는 용돈인 만큼 함부로 쓰지 않고 계획적으로 사용하려고 노력합니다. 그리고 소중한 용돈을 가족을 위해 쓰거나 남을 위해 베푸는 데 사용할 때 뿌듯해하지요. 매주 노력한 만큼 받은 용돈이 계좌에 차곡차곡 쌓이고, 소량이지만 주식도 소유하고 있으므로 경제 뉴스에도 관심을 보입니다.

금융과 경제에 관한 공부는 어릴 때부터 하는 게 좋습니다. 오랜 시간과 노력이 필요하기 때문입니다. '아이는 공부만 열심히 해도 된다. 돈은 때가 되면 자연스럽게 알게 된다', '돈을 너무 밝히면 안 된다'라는 생각은 돈에 대한 감각이 전혀 없거나, 힘들게 벌어놓고도 제대로 사용할 줄 모르는 어른을 만듭니다. 어릴 때부터 노력에 대한 대가로 용돈을 벌어보고, 저축하고 투자하고 잘 사용한 경험은 아이의 경제 관념을 키웁니다. 경제 관념이 차곡차곡 쌓여 경제 문해력이 됩니다. 이것이 습관 플래너로 경제 관념을 심어주는 방법입니다. 좋은 습관이 경제 문해력으로 이어지는 과정에 동참해보세요.

**문해력 강한 아이의 비밀**

문해력 강한
아이의 비밀

# 이제는 부모 차례입니다
||||||||||||||||||||||||||||||||||||||||||||||||||||||||||||||||||||

태어나자마자 보름간 병원에 입원했던 첫째 아이를 향해 '건강하게만 자라줘'라며 기도하던 날들이 있었습니다. 그런데 막상 건강하게 잘 자라는 아이를 보니 점점 많은 바람이 생기기 시작했습니다. 눈만 뜨면 방긋방긋 웃던 둘째 아이를 보며 '이렇게 날마다 웃기만 해줘도 좋겠다'라고 생각하며 행복해하던 날들도 있었습니다. 하지만 지금은 해맑게 웃으며 뒹굴뒹굴하는 모습을 보면 "숙제는 언제 할 거야?"라는 잔소리를 내뱉지 않기 위해 힘을 주어 입을 다물어야 합니다.

아이를 키우는 일은 어쩌면 부모의 욕심을 내려놓는 과정의 연속인지 모르겠습니다. 더 잘 해주고 싶은 욕심, 더 잘 자라기 바라는 욕심 말입니다. 욕심을 내려놓는 일이 그냥 되지는 않더군요. 아이를 있는 그대로 바라봐주고, 아이를 향한 욕심을 알아차리기 위해서 책을 읽었습니다.

다행히 책은 초보 엄마에게 든든한 친구이자 멘토가 되어주었고, 필요한 순간마다 적절하게 길을 안내해주는 가이드가 되어주었습니다. 육아서, 교육서, 심리서, 철학서, 자기계발서, 소설, 동화, 그림책 등 장르를 가리지 않고 읽는 동안 알게 되었습니다. 아이를 있는 그대로 사랑해주고, 욕심을 내려놓는 일이 지금 해야 할 일이며 최선이라는 것을요. 그리고 아이가 스스로 자기 인생에 욕심을 내야 행복해질 수 있다는 것도요. 부모가 아이의 인생에 욕심을 내는 순간 아이는 불행해질 수도 있다고 많은 책에서 이야기하고 있었습니다.

부모가 욕심을 덜 내고, 아이가 스스로 자기 삶에 욕심을 낼 수 있도록 돕는 최고의 방법은 독서입니다. 책을 읽고 자기 자신에 대해 알아가고, 자기 삶에 대해 고민하고, 수많은 이야기를 본보기 삼아 아이 나름의 이야기를 만들어가게 하는 것입니다.

저희 집의 경우, 두 아이가 초등 4학년, 6학년이 되니 이제 매일 책을 읽어주기는 힘듭니다. 각자 읽고 있는 책도 있고, 글밥도 상당하기 때문이지요. 그래서 일주일에 한두 번만 아이들과 함께 책을 읽고 있습니다. 그 시간은 책 읽기만 하는 시간은 아닙니다. 변화무쌍하게 성장하고 있는 아이의 생각과 마음을 들여다보는 시간이기도 합니다.

첫째 아이의 필사 노트 중 일부를 소개합니다.

### 6월 17일 《갈매기의 꿈》

"천국은 장소가 아니고, 시간도 아니라네. 완벽한 것이 곧 천국이지"(58쪽)

완벽한 곳이 천국이라면 지금 이곳도 천국이 될 수 있다. 완벽한 것은 하고 싶은 것을 해서 그것에 만족하는 것이라고 생각한다.

### 7월 14일 《모모》

"한꺼번에 도로 전체를 생각해서는 안 돼. 알겠니? 다음에 딛게 될 걸음, 다음에 쉬게 될 호흡, 다음에 하게 될 비질만 생각해야 하는 거야. 계속해서 바로 다음 일만 생각해야 하는 거야."(51쪽)

일 전체를 생각하면 결코 해낼 수 없을 것 같아도 조각조각으로 쪼개어 하나씩 살펴보면 해낼 수 있을 것 같다. 다음에 쉬게 될 호흡, 다음에 하게 될 비질만 생각하면 무엇이든 할 수 있다.

문해력 강한 아이의 비밀

첫째 아이는 속마음을 잘 표현하지 않는 편이라 저희 부부는 늘 조바심내고 때론 "대답 좀 해줄래?"라며 다그치기도 합니다. 하지만 다 표현하지 않았지만 아이는 나름의 인생 철학을 차곡차곡 만들어가고 있더군요. 함께 책을 읽지 않았다면 결코 알 수 없었을 아이의 생각입니다.

다음은 둘째 아이의 필사 노트에서 가져온 문장입니다.

### 6월 17일 《갈매기의 꿈》

"완벽한 속도는 그저 그곳에 있는 것이라네." (59쪽)

장소마다 완벽한 속도는 바뀔 수 있다. 그러므로 최선을 다하면 그게 완벽한 속도다.

### 7월 7일 《모모》

"내게 만약 모모라는 친구가 있다면 어떤 일이 일어날까?"

가족끼리 독일로 여행을 갔다. 우리는 모모가 있는 원형 극장을 찾아갔다. 한 아저씨가 "아무튼 모모를 찾아가게"라고 해서다. 나는 모모에게 말했다. "수학 시험에서 만점을 맞았는데 아무도 축하해주지를 않아."

모모는 말없이 크고 검은 눈으로 날 쳐다보았다. 3주 뒤 학교에 가니 애들이 나를 칭찬해주었다. 모모가 어떻게 한 건지는 모르겠지만 모모에게 고맙다. 근데 책상 위를 보니 내 시험지가 책상 위에 올라와 있었다. 이제 어떻게 된 건지 알겠다.

둘째는 밥을 먹다가도 "만약에 말이야…"라거나 "내가 재미있는 이야기 하나 해줄게"라며 이야기를 잘도 지어내서 말하곤 합니다. 생각을 쓰는 일은 아직 어려워하지만, 이야기를 만들라고 하면 대단치는 않아도 뚝딱뚝딱 잘 만들어냅니다. 그런 창의적인 이야기를 들으면서 이 아이가 상상하는 일을 그치지 않도록 도와주어야겠다고 다짐합니다.

○○○

아이는 끊임없이 자랍니다. 책을 읽고, 공부하고, 목표한 바를 이루며 자라납니다. 그런데 부모가 성장하지 않고 정체되어 있으면 아이와의 사이에 거리가 생길 수밖에 없습니다.

부모도 아이와 함께 자라야 합니다. 책을 읽고 성장해야 합니다.

**문해력 강한 아이의 비밀**

꼭 무언가 되지 않아도 괜찮습니다. 성장하는 그 순간의 기쁨과 뿌듯함만으로도 충분합니다. 성장의 고통을 겪으며 부모와 아이가 함께 자랄 때 진심으로 아이를 이해할 수 있습니다. 어른이 되어도 꾸준히 책을 읽고 성장하는 부모의 모습을 보며 아이 역시 자기 삶을 활짝 꽃피우는 방법을 배울 것입니다.

아이의 교육에 도움을 주고자 이 책을 손에 들었다는 것, 그리고 방법만 대충 훑어보는 것에 그치지 않고 끝까지 꼼꼼하게 이 책을 읽고 있다는 사실만으로도 여러분은 이미 노력하는 부모임이 틀림없습니다. 충분히 잘하고 있을 가능성이 큽니다. 여기서 한 걸음 더 욕심내서 부모 자신의 문해력을 좀 더 높여보세요. 독서를 통해 아이를 이해하고, 자신을 이해하고, 세상을 이해하는 단단한 문해력을 쌓아가면 좋겠습니다. 부모의 문해력이 단단할수록 세상의 소리에 휩쓸리지 않고 가족 모두가 행복한 육아를 할 수 있습니다.

"내가 세계를 알게 된 것은 책에 의해서였다."

프랑스 철학자 장 폴 사르트르Jean-Paul Sartre의 말이 언젠가 자신과 아이의 고백이 되는 순간을 꿈꿔보세요.

# 문해력 강한 아이의 비밀

**초판 1쇄 발행** 2023년 1월 16일
**초판 2쇄 발행** 2023년 5월 1일

**지은이** 최지현
**펴낸이** 박성인

**기획** 강하나
**편집** 눈씨
**디자인** 디자인안녕
**마케팅** 김멜리띠나
**경영관리** 김일환

**펴낸곳** 허들링북스
**출판등록** 2020년 3월 27일 제2020-000036호
**주소** 서울시 강서구 공항대로 219, 3층 309-1호(마곡동, 센테니아)
**전화** 02-2668-9692 | **팩스** 02-2668-9693
**이메일** contents@huddlingbooks.com

ISBN 979-11-91505-17-7 (03370)